Uwe Wolff

Reise ins Labyrinth

Uwe Wolff

Reise ins Labyrinth

Unterwegs zur eigenen Mitte

Herder

Freiburg · Basel · Wien

Für Johannes

Gedruckt auf umweltfreundlichem,
chlorfrei gebleichtem Papier

Alle Rechte vorbehalten – Printed in Germany
© Verlag Herder Freiburg im Breisgau 2001
Satz: DTP-Studio Helmut Quilitz, Denzlingen
Druck und Bindung: fgb · freiburger graphische betriebe 2001
ISBN 3-451-27415-9

INHALT

DER ROTE FADEN

> „Im Labyrinth verliert man sich nicht.
> Im Labyrinth findet man sich.
> Im Labyrinth begegnet man nicht dem Minotaurus.
> Im Labyrinth begegnet man sich selbst."
>
> (Hermann Kern, *Labyrinthe*)

Die Labyrinthe und Irrgärten meiner Kindheit waren der Wald, der Bahndamm, die Straße und jene runden Geduldspiele, die wir in eine Handfläche legen konnten. Wir bekamen sie vom Apotheker geschenkt, wenn wir für die Großmutter die monatliche Bestellung abholten. Unter dem durchsichtigen Plastikdeckel befand sich ein Gewirr von Gängen, durch das eine Kugel oder eine kleine Maus zur Mitte geführt werden musste. Dieses Spiel kannte nur einen Gegner: die eigene Ungeduld. Heute gibt es sie wieder als Taschen- und Handbalancierspiele, als Balancierbretter oder dreidimensional aus Drahtgeflecht. In Kindergärten und Grundschulen, in einigen Wartezimmern der Ärzte, bei Ergo- und Bewegungstherapeuten gehören Labyrinthspiele zur Grundausstattung. Sie beruhigen, helfen bei der Problemlösung und Stressbewältigung, trainieren die Koordination von rechter und linker Gehirnhälfte, schulen die Wahrnehmung oder machen einfach Spaß.

Hinter dem Elternhaus lag der Bahndamm. Im Juli wuchsen hier gelb blühende Königskerzen der Sonne entgegen. Der Boden aber, in dem sie wurzelten, war von zahllosen Gängen unterminiert. Wir kannten den verborgenen Eingang in jene unterirdische Welt der Bunker aus dem Zweiten Weltkrieg. Er lag unter einer Betonplatte.

Wie man sich in einem Irrgarten bewegt, hatten wir in Gustav Schwabs „Die schönsten Sagen des klassischen Altertums" gelernt. Mit pochendem Herzen befestigten wir am Eingang zur Bunkerwelt einen roten Faden und rollten ihn beim Gang in die Unterwelt solange ab, bis uns der Mut verließ. Zur Mitte sind wir nie vorgedrungen. Vielleicht gab es sie auch nicht.

Das dritte Labyrinth war der Wald. Hier wohnte die Cilly, eine zahnlose Alte, die selten zu Hause war. Die Cilly, so glaubten wir, sei eine Hexe, die, wie alle Hexen, kleine Jungen verspeisen wolle. Wie die Bunkerwelt, so übte auch der Wald eine merkwürdige Anziehungkraft auf uns aus. Wir fürchteten ihn und konnten dennoch nicht davon ablassen, ihn täglich neu zu durchdringen. Gut, dass es Bücher gab! Denn wie man es schafft, sich im Wald nicht zu verirren, hatten wir gleichfalls einem Buch entnommen: den *Kinder- und Hausmärchen* der Gebrüder Grimm. Um den Rückweg aus dem dunklen Wald zu sichern, musste man wie Hänsel und Gretel kleine Kieselsteine auf den Boden streuen.

Auf der Straße spielten wir „Hüpfekästchen" und „Himmel und Hölle". Die rechteckigen Spielfelder wurden mit Kreide auf den Asphalt gemalt. Beim Spiel „Hinkelstein" musste man auf einem Bein hüpfend einen kleinen Stein von Feld zu Feld bewegen, bis der Ausgang erreicht war. Wenn man eine Linie mit dem Fuß berührte oder den Stein über die Linie hinausschoss, dann „brannte" es. Man musste noch einmal von vorn beginnen. Wir spielten das Geschicklichkeitsspiel, ohne die Bedeutung zu kennen. Erst viel später erfuhr ich, dass dieser Stein einst die Seele symbolisierte, die aus dem Labyrinth befreit werden sollte.

Später im Jugendclub der Britischen Garnison am Gremmendorfer Weg spielten wir „Flipper". Unsere englischen Freunde nannten das Spiel „Pinball". Hier war die Aufgabe umgekehrt wie beim Geduldspiel mit Kugeln oder Maus. Das Ziel sollte so spät wie möglich erreicht werden. Wer die schwere Metallkugel die längste Zeit im Wegenetz halten konnte, sammelte die meisten Punkte und wurde „Pinball-Wizard", wie der Sieger des Spieles in dem bekannten Lied der Gruppe The Who.

Meine Kinder amüsieren sich, wenn sie meine Geschichten von frühen Labyrinth-Erfahrungen hören. Etwas Geheimnisvolles können sie nirgendwo entdecken, und für mich ist die Beweislage schwierig: Das Haus der Cilly wurde längst abgerissen und außerdem weiß heute jedes Kind, dass Hexen weise Frauen mit alternativen Heilmethoden sind. Die Eingänge zur Bunkerwelt wurden planiert und der geheimnisvolle Wald ist gerade mal einen Quadratkilometer groß. Statt kleiner Kieselsteine führen nun asphaltierte Wege hindurch, auf denen Kleinkinder auf roten Bobby-Cars sicher dahin rollen.

Überhaupt: Wald, Bahndamm, „Hinkelstein" und Geduldspiel – was ist diese winzige Welt gegenüber den Hightech-Labyrinthen, in denen sie sich bewegen, und dem „Krieg der Sterne", an dem sie teilnehmen? Sie spielen das apokalyptische Computerspiel „Doom" oder steuern über den Joystick schwer bewaffnete Amazonen durch die virtuellen Labyrinthe der Play-Stations, Video- und Gameboy-Spiele. Theseus kann sich mit Lara Croft oder Anakin Skywalker nicht messen, und wie harmlos ist der stierköpfige Minotauros im Vergleich zu Darth Maul, dem diabolischen Gegner der Jedi-Ritter!

Von der Reise ins Labyrinth als einem über 5000 Jahre alten geheimnisvollen Symbol der Selbstfindung und der Suche nach der eigenen Mitte wussten wir Kinder nichts. Wir lebten ja noch aus der Mitte. Im Wollkorb der Mutter lag der rote Faden. Die Reise ins Labyrinth war ein Spiel. Labyrinthe der Erwachsenen sind anderer Art. Liebe und Beziehung, Arbeit und Beruf, Politik und Gesetzgebung, Krankheit und Krise: Überall droht der Verlust der Mitte. Der Drogenabhängige hat den roten Faden verloren, der an Alzheimer Erkrankte taucht hinab in das Labyrinth des Vergessens.

Die psychische Krise führt ins Labyrinth der Seele. Und gleichen nicht die Windungen des Gehirns der Wegführung im Labyrinth? Jede Krise bildet eine Herausforderung. Sie holt uns ein, konfrontiert uns mit unserem bisherigen Lebensweg. Sie verlangt eine Zeit der Rückschau, ein Innehalten, eine Zeit der Nachdenklichkeit. Wir blicken in den Spiegel unserer Seele. Das sind Tage des Schmerzes, des Selbstzweifels, Tage der Trauer, Tage des Erwachens. In ihnen liegt eine große Chance der Wandlung und Erneuerung des Lebens. Wir müssen nicht so bleiben, wie wir sind. Wir können umkehren, einen neuen Weg beschreiten. Wir können unser Leben ändern. Geheimnisvolle Kräfte der Wandlung sind im Labyrinth verborgen. Die Reise ins Labyrinth ist ein Weg der Neugeburt. Er führt zur eigenen Mitte. An seinem Eingang stehen Aufmunterungen. Es sind rote Fäden der Orientierung:

Vertraue dir selbst,
du weißt mehr als du denkst!

Vertraue dir selbst,
du kannst dein Leben ändern!

Vertraue dir selbst,
du wirst den Weg finden!

Jeder Mensch erlebt die Reise ins Labyrinth auf seine Art. Für die Mitarbeiterinnen des Frauengesundheitszentrums in Nürnberg ist das Labyrinth ein Frauenort. Am 26. April 1996 wurde am Johann-Sörgel-Weg, nahe der Pegnitz, ein Labyrinthplatz errichtet. Ihm folgten Labyrinthplätze in Tennenlohe und am Erlangener Bohlenplatz, in Ingolstadt, München, Frankfurt/Main, Linden, Gießen und im Zeughaushof/Zürich. In dem Nürnberger Labyrinth feiern Frauen die Wendezeiten im Leben durch Tänze und Bewegungsmeditationen. In ihrer Broschüre „Labyrinthplatz – ein Frauenort" heißt es:

„Was ist ein Labyrinth?

Ein Zeichen der Frauenkultur,
das Lebenszeichen einer Stadt,
eines der ältesten Symbole der Menschheit,
ein Sinnbild der Suche nach dem richtigen Weg,
ein Zeichen für friedvolle Begegnung und Austausch,
ein Symbol für das ökologische Bewusstsein,
ein neues Orientierungsmodell,
ein Symbol für Wandlung,
ein wichtiger Umweg,
kein Irrgarten."

Labyrinthe sind Eingangstore zu neuen Lebensabschnitten. Sie können einzeln oder in einer Gruppe durchschritten werden. Eine Gruppe von Kindern und Erwachsenen errichtete am 31. Dezember 1999 ein begehbares Labyrinth aus drei Tonnen Granitsteinen. Auf einen Zettel notierte jeder seine persönlichen Wünsche für den kommenden Jahrtausendwechsel, ging dann ins Labyrinth und meditierte über seine Zukunftswünsche.

Die Heilkraft des Labyrinthes kommt bei der Resozialisierung von Strafgefangenen ebenso zum Einsatz wie in der Stressbewältigung und Kinesiologie. Einige Universitäten haben angefangen, Labyrinthe zu bauen, in denen Studenten unmittelbar vor dem Examen den roten Faden der Konzentration suchen. Martin Brotman, Verwaltungsleiter des angesehenen California Pacific Medical Center, erntete zuerst nur Ablehnung und Spott, als er vor dem Eingangsbereich des Krankenhauses ein großes Fußbodenlabyrinth legen ließ. Die Fachärzte befürchteten eine Schädigung des wissenschaftlichen Rufes der Einrichtung. Inzwischen sind auch die Skeptiker von der therapeutischen Wirkung des Labyrinthes überzeugt. Es ersetzt keinen Chirurgen, hilft jedoch vielen Menschen bei der Vorbereitung und seelischen Bewältigung des Eingriffes. Patienten,

11

die vor einer Operation im Bademantel gekleidet durch das Labyrinth laufen, gehören heute zum alltäglichen Bild der Klinik. Auch den Angehörigen ist es eine Hilfe. Während der langen Wartezeiten auf den Ausgang und das Ergebnis des chirurgischen Eingriffes beruhigt der Gang durchs Labyrinth die Nerven. Der Atem geht langsamer, die Seele findet innere Balance.

Wir stehen vor dem Tor einer neuen Zeit. Werden wir einen Weg durch den Irrgarten der Gentechnologie finden? Werden wir uns im Cyberspace verlaufen? Wer führt uns durch das Labyrinth der kommenden Welt? Wo finden wir den Ariadnefaden, der uns auf dem Weg in die Zukunft Orientierung schenkt? Vielleicht muss die Antwort dort gesucht werden, wo sie am wenigsten vermutet wird: In unseren Träumen und Fantasien, in der Kraft der Intuition und Kreativität, bei den Spielern und Querdenkern, in den Garagen und Bastelkellern der Kinder von Bill Gates.

„Alles fließt!", zitiert der algerische Landschaftsarchitekt Kamel Louafi den alten Philosophen Heraklit. Alles befindet sich in einem ständigen Wandlungsprozess. Im Süd-Park der Weltausstellung EXPO 2000 in Hannover hatte Kamel Louafi ein Labyrinth aus Bambusstäben errichtet. In Halle 2 präsentierte Bosch die neusten Steuerungssysteme für den Verkehr in einem Glascontainer in Labyrinthform, nebenan in Halle 3 hatte Daimler-Chrysler ein Hightech-Labyrinth errichtet, durch das Roboter mit Hilfe akustischer Signale gesteuert werden konnten. Das Labyrinth ist ein Symbol, das Vergangenheit und Zukunft verbindet. Jetzt, an der Schwelle zum dritten Jahrtausend, am Anfang des 21. Jahrhunderts, beginnt es neu zu sprechen. Labyrinthgeschichten erzählen von Aufbruch und Wagnis, von Reisen in unbekanntes Gelände, von Gefahren, Ichverlust, Tod und dem Glück des Mutigen, von Ichfindung und Neugeburt. Das Labyrinth ist ein Symbol der Wandlung und Verwandlung, der wir unterworfen sind.

Alles fließt, alles wandelt sich. Die Frage aber lautet nicht nur:

Wo gehen wir hin? Denken wir optimistisch. Nehmen wir an, Krebs und Aids werden schon bald besiegt sein, Roboter werden unsere Arbeit übernehmen und wir werden noch im Alter von 120 Jahren durch die frische Luft der autofreien Großstädte joggen. Auch in dieser Welt der Perfektion der Technik werden die großen Fragen nicht verstummt sein. Es sind Fragen, die aus der eigenen Mitte kommen:

Wer bin ich?
Wo komme ich her?
Wo stehe ich?
Wo gehe ich hin?
Wer begleitet mich auf der Reise ins Labyrinth?
Wo ist der rote Faden meines Leben?
Wie finde ich meine Mitte?

Das Internet ist ein gigantisches Labyrinth. Doch unendlich viel größer und geheimnisvoller ist das Labyrinth unseres Herzens. Kari Stefansson, Chef des isländischen Biotech-Unternehmens „DeCode", hat ein vollständiges Verzeichnis sämtlicher genetischer Daten der rund dreihunderttausend Isländer veröffentlicht. Doch kein genetischer Atlas wird das Land der Seele jemals kartografieren. Deshalb wird die Frage nach dem Wesen des Menschen und der Mitte des Lebens niemals verstummen. So lange wir leben, sind wir auf der Reise ins Labyrinth und unterwegs zur eigenen Mitte. Aber wir sind niemals allein. So gehört zum kretischen Labyrinth eine kundige Frau. Sie kennt den Weg zur Mitte. Ihr Name ist Ariadne. Zu ihrer Ausrüstung gehört ein Wollknäuel, der Ariadnefaden. Er wird am Eingang des Irrgartens festgebunden und sichert den Rückweg.

Auch im Labyrinth des Herzens gibt es diese roten Fäden. Sie vermitteln uns ein Gespür für das Wesentliche und weisen den gewundenen Pfad zur Mitte. Diesen Pfad wollen wir im Folgenden gemeinsam beschreiten. Unsere Reise geht dabei durch sechs Labyrinthe: Selbsterkenntnis (Kreta), Heilung (Epidauros), Gelassenheit (Ägypten), Liebe (Chartres), Mitgefühl (Gral) und Vertrauen (die Welt). Die einzelnen Kapitel sind durch einen roten Faden verknüpft. In den Wendepunkten wird die Reise unterbrochen. Wendepunkte im Labyrinth sind Momente des Innehaltens. Hier ändert sich die Blickrichtung. Ein anderer Ton erklingt. Am Anfang unseres Weges steht die Selbsterkenntnis. Mit ihr beginnt die Reise ins Labyrinth.

DAS LABYRINTH VON KRETA:
EIN WEG DER SELBSTERKENNTNIS

„Erkenne dich selbst!"

(Orakelspruch von Delphi)

Auf die griechische Insel Kreta könnten wir mit dem Flugzeug gelangen. Dies wäre der direkte und schnellste Weg, und als „last minute"-Flug im Internet gebucht, sicherlich auch die preiswerteste Art zu reisen. In Heraklion würden wir mit zahlreichen sonnenhungrigen Touristen den Boden einer 5000 Jahre alten Kultur betreten. Sie wird nach dem König Minos die minoische Kultur genannt. Wir würden uns ein Auto mieten und in einer Woche die ganze Insel abfahren.

Wir besteigen aber nicht das Flugzeug. Nicht weil wir Flugangst hätten. Wir haben andere Gründe. Denn die Reise ins Labyrinth folgt nicht den gängigen Idealen. Wer nur den geraden Weg geht und immer auf die Uhr schaut, wer Umwege nicht genießen und Zeit nicht verlieren kann, dem ist das Labyrinth nur ein Ärgernis. Wir aber haben Freude am „Prinzip Umweg". Doch gibt es noch einen zweiten Grund, die Seeroute nach Kreta zu wählen, denn wir wollen in Theseus' Spuren gehen. Deshalb folgen wir seinem Weg der Annäherung und wählen die Schiffsreise von Athen über die Ägäis. Dieses Meer ist nach seinem Vater, dem griechischen König Aigeus, benannt und heißt auch Ägäisches Meer. Während der Seefahrt haben wir ausreichend Zeit, noch einmal die alte Geschichte vom Kampf des Königssohnes Theseus gegen den Minotauros nachzulesen.

So wird von Diodor und Plutarch, von Catull, Hygin und Philostratos d. Ä. erzählt: Auf der Insel Kreta wohnten der König Minos und seine Frau Pasiphae. Sie hatten mehrere Kinder, darunter die noch heute bekannte Prinzessin Ariadne. Pasiphae beging auf ungewöhnliche Weise Ehebruch: Sie ließ sich von einem Stier bespringen und empfing ein Kind, halb Stier, halb Mensch, das Minotauros genannt wurde. Der Minotauros hatte den Körper eines Menschen und das mächtige Haupt eines Stieres (tauros). König Minos war enttäuscht und erbost zugleich. Von seinem Architekten Daedalos ließ er ein Labyrinth errichten, in das er seinen Stiefsohn einsperrte.

Stiere sind Vegetarier. Der Minotauros aber war ein Fleischfresser. Ihm wurden Menschen zum Opfer gebracht. Jedes Jahr sieben junge Männer und sieben junge Frauen, die mit dem Schiff von Griechenland nach Kreta transportiert wurden. Alle waren Untertanen des Königs Aigeus. Dieser hatte einst den Sohn des Königs Minos erschlagen. Die vierzehn Jugendlichen waren sein jährlicher Blutzoll für die böse Tat. Bis sein Sohn Theseus kam, mit Hilfe des Ariadnefadens die Reise ins Labyrinth wagte, bis zur Mitte vordrang und dort den Minotauros tötete.

Warum wurde diese Geschichte immer wieder nacherzählt? Warum wurde das Labyrinth von Kreta überall in der Welt von der Arktis bis Indien tausendfach nachgebaut? Welches Geheimnis verbirgt sich hinter Theseus? Und warum verbindet sich mit seiner Reise zur Mitte ein Weg der Selbsterkenntnis in sieben Stufen?

Erste Stufe: Der eigene Weg

Ein Kind wird geboren. Ein neuer Lebenslauf beginnt. Doch führt sein Weg durch besiedeltes Gebiet. Die Kindheit spielt sich nicht im leeren Raum ab. Das Kind wird durch die Umwelt, die Erziehung und den Zeitgeist beeinflusst und geformt. Zugleich ist es geprägt durch das genetische Erbe und das ihm auferlegte Schicksal. Was ist der Mensch? Gewiss mehr als die Summe der Erziehungsfaktoren, mit Sicherheit mehr als das Zusammenspiel des genetischen Erbes der Vorfahren. Wir wissen nicht, wer wir sind. So müssen wir uns auf den Weg der Selbsterkenntnis begeben. Jeder Mensch hat seine eigene Lebensmelodie, folgt seinem Weg zur Mitte und sucht seine Bestimmung.

Wir sind frei und gebunden zugleich. Wir dürfen unseren eigenen Weg durch das Labyrinth finden und zugleich ist unser Weg belastet durch das Erbe, in das hinein wir geboren werden: Familientraditionen, uralte Konflikte, karmische Zusammenhänge. Kinder wachsen in zerstrittenen Eheverhältnissen auf, werden in Kriegswirren geboren, kommen auf der Flucht zur Welt. Kinder werden missbraucht, geschlagen, vernachlässigt. Niemand wird in eine „heile Welt" hineingeboren. Jeder neue Lebensweg ist schon belastet mit Problemen und Konflikten.

Theseus geht es nicht anders. Auch er muss seinen eigenen Weg im Gewirr von Konflikten finden, für deren Ursache er nicht verantwortlich ist. Es ist nicht seine Schuld, dass sein Vater Aigeus, der König von Athen, mit dem König Minos von Kreta heillos zerstritten ist. Dennoch hat er an der Schuld des Vaters zu tragen. Sie belastet ihn wie ein dunkles Erbteil. Zwischen den Herrscherhäusern von Kreta und Athen wird es keinen Frieden geben. Doch Ariadne wird Theseus durch das Labyrinth führen. Sie kann die Welt nicht von allem Bösen heilen, doch weist sie einen Weg, heil durch die Welt der Gefahren zu kommen.

Das Bild des Labyrinthes taucht zum ersten Mal vor den inneren

Augen eines Menschen auf, der seine Aufgabe im Leben erkennt. Er weiß:

> Diesen Weg kann keiner für dich gehen.
> Es ist dein Weg der Selbsterkenntnis,
> deine Begegnung mit dem Schatten,
> deine Wahrheit,
> deine Aufgabe,
> dein Ziel,
> deine Mitte.

Wer das Labyrinth betritt, hat sich für den eigenen Weg entschieden. Er ist offen für neue Erfahrungen. Er verlässt die vertraute Welt. Er will ohne Lüge leben. Er weiß, auf seinem Weg wird er sich auch den dunklen Seiten des Lebens stellen müssen. Der Weg ist nicht ungefährlich. Aber er will die Wirklichkeit und die Wahrheit seines Lebens selbst erfahren und nicht nur vom Hörensagen kennen lernen. Er will auf den Grund der Dinge schauen und nicht vom Gerede leben. Er will dem Minotaurus ins Angesicht blicken.

Zweite Stufe: Vaters Schatten

Der Schatten, der über Theseus' Familie schwebt, hat einen Namen: Androgenos. Der Sohn des Königs Minos wurde in Attika von König Aigeus hinterlistig umgebracht, berichtet der griechische Philosoph und Biograf Plutarch von Chaironeia (45–120 n. Chr.) in seiner Lebensbeschreibung des Theseus'. Die Folge war nicht nur, dass Minos das Land durch seine Truppen im Rachefeldzug verheerte, sondern zur ewigen Erinnerung an die Untat Menschenopfer forderte: Alle neun Jahre, in einigen Berichten ist von jedem Jahr die Rede, mussten die Einwohner von Attika sieben Jünglinge und sieben Jungfrauen als Sühnopfer nach Kreta für den Tod des

Königssohnes schicken. Im Labyrinth wurden sie dem Minotaurus zum Fraß vorgeworfen.

Wohlbehütet am Hof seines Großvaters Pitthens aufgewachsen, betritt der junge Theseus diese Welt von Gewalt und Hinterlist, von Schuld und Sühnopfer. So steht der Held vor unseren inneren Augen: Er hört die Klagen der Bewohner Athens und beobachtet genau, wie sein Vater mit der eigenen Vergangenheit umgeht, wie er die Schuld verdrängt, König sein möchte und doch jeden Adel der Seele vermissen lässt. Sein Blick ist scharf, er analysiert die Worte des Vaters und dessen tatsächliches Verhalten, er deckt die Widersprüche auf und blickt hinter die Fassade des Königtums. Noch bevor er das Labyrinth von Kreta betreten hat, entdeckt er das Labyrinth im Herzens seines Vaters: Äußerlich ist der Vater ein König, innerlich aber ohne Mut, Würde und Gerechtigkeitssinn.

Aigeus übt zwar Macht aus, doch fühlt er sich innerlich unsicher. Obwohl er im öffentlichen Leben steht, weiß doch niemand, wie es wirklich in ihm aussieht. Er „macht sich zu", auch wenn er äußerlich sein Leben im Griff zu haben scheint. Er kann der Wahrheit seines Lebens nicht ins Gesicht sehen. Sich selbst und anderen ist er eine Belastung. Die Menschen, die mit ihm zusammenleben oder -arbeiten, spüren eine Aura der Kälte, die von ihm ausgeht. Er lebt mit Schuldgefühlen, die er nicht verarbeitet hat. Deshalb ist er unfrei und voller Angst. Dennoch wagt er nicht, den Dingen auf den Grund zu gehen.

Um sich herum hat er eine Scheinwelt aufgebaut. Er verhält sich passiv. In seinem Herzen herrscht tiefe Traurigkeit. Denn seine Situation erscheint ihm als ausweglos. Er weiß, dass er Schuld auf sich geladen hat, sieht aber keine Zukunftsperspektive. Dennoch will er weder die Herrschaft abgeben noch an sich arbeiten und seine Lebensumstände verändern. Er klammert sich an seinen Besitz. Er ist nicht lernbereit. Ist unfähig zu einer Veränderung. Andere Menschen zieht er ins Unglück. Um ihn herum riecht es nach Opfern. Das weiß niemand besser als er selbst.

Dieser Vater ist für Theseus kein Vorbild. Mit dieser Erkenntnis beginnt der Königsweg des Sohnes, sein eigener Weg zur Selbstfindung:

Gegen die Lebenslüge des Vaters
setzt er Offenheit.
Gegen den Weg der Verdunklung
setzt er den Weg der Wahrheit.
Gegen Ohnmacht
setzt er seine Entschlossenheit.
Gegen ängstliches Hängen am Vergangenen
setzt er den mutigen Blick in die Zukunft.

Der erwachte Sinn des Jugendlichen sieht deutlich, dass der Vater nicht zu seiner Schuld steht und deshalb auch keine Möglichkeit hat, die Verhältnisse zu ändern. Der Vater scheut die Reise ins Labyrinth, er verweigert den Blick in die eigene Mitte. Wieder ist der Zeitpunkt des Tributes gekommen. Wieder sollen sieben junge Männer und Frauen durch das Los zum Opfer bestimmt werden. Wieder murren die Untertanen des Königs:

Warum sollen wir unsere Kinder opfern,
da wir doch nicht Schuld am Tod des einen sind?
Warum sollen wir für deine Schuld büßen?
Warum soll das Los nicht auch über
Theseus' Schicksal bestimmen?

Der Vater sucht seinen Vorteil, er klammert sich krampfhaft an das Leben und wird es deshalb verlieren. Als Theseus siegreich von der Fahrt nach Kreta zurückkehrt, den Bann des Bösen gebrochen hat, stürzt sich der Vater über die Klippen ins Ägäische Meer. Noch aber ist der Held zu seiner Reise ins Labyrinth nicht aufgebrochen. Er beobachtet den Konflikt zwischen seinem Vater und dem Volk.

Immer lauter erhebt es Klage: Der König sei an allem Schuld, wolle aber die Schuld nicht tragen! Will Theseus das Bild des Vaters retten? Will er sein Leben für ihn als Sühnopfer geben? Oder spürt er, dass nun der Zeitpunkt für einen Wendepunkt und der Anfang eines neuen Lebens gekommen ist? Gewiss nimmt er voller Hoffnung die neue Aufgabe an. Vor allem Volk erhebt er die Stimme und meldet sich freiwillig. Nicht zum Losverfahren. Nichts will er dem Zufall überlassen. Er hat sich entschieden. Er weiß, was ihn erwartet: der gefährliche Gang ins Labyrinth und die Begegnung mit dem Minotaurus, die bisher immer tödlich verlief.

Dritte Stufe: Der Mutterschoß

Dem Eintritt ins Labyrinth geht ein Leidensdruck voraus. Theseus will Klarheit über eine verworrene Situation gewinnen. Er hat den Willen, ein neues Leben zu beginnen. Aber er sucht auch Beistand. Vom Vater wird er ihn nicht erhalten. Wie eine Expedition ins Hochgebirge von Tibet oder in die Eiswüste Sibiriens bedarf auch die Reise ins Labyrinth der Vorbereitung und der spirituellen Einübung. Wie der äußere Weg, so verlangt auch der innere Weg Achtsamkeit. Deshalb bereitet sich Theseus durch den Besuch einer heiligen Stätte, des Orakels von Delphi, auf die Begegnung mit dem Minotaurus seelisch vor.

Mit den sieben jungen Frauen und sechs jungen Männern begibt sich Theseus auf die Wallfahrt zu dem bedeutendsten spirituellen Zentrum der alten Welt. Es ist das Orakel von Delphi, das Delphinion, wo der Gott Apollo und die Urmutter Gaia verehrt werden. Orakel („oracula", „manteia") sind Heiligtümer, in denen die Zukunft gedeutet wird. In einem Hain um das Gebäude herum stehen heilige Ölbäume. Theseus bricht nach altem Brauch einen Zweig, umwindet ihn mit weißer Wolle und legt ihn auf dem Altar des Gottes als Opfergabe nieder.

Die Fahrt nach Kreta endete bisher immer tödlich. Theseus aber will nicht sterben. Er will die Welt des Todes überwinden. Aus dem Todesweg soll ein Weg des Lebens und der Neugeburt werden. Deshalb besucht Theseus den heiligen Hain. Ölbaum, Quell und Spalte symbolisieren die vier Elemente: Feuer, Luft, Wasser und Erde. Die Erde ist das Unbewusste und Mütterliche, das Wasser des Lebens entspringt ihr und der Baum, dessen Äste, Zweige und Blätter von den Winden des Schicksals bewegt werden, wurzelt in ihr. Theseus bringt einen Zweig vom Ölbaum als Opfergabe, denn er selbst will werden wie dieser Baum: wachsen im Licht der hellen Sonne der Vernunft und der Sittlichkeit und zugleich tief verwurzelt sein in dem dunklen Mutterschoß der Erde.

Das Öl des Ölbaumes steht für spirituelle Energie, den göttlichen Geist, den der Mensch ausstrahlt, der tief ins Unbewusste eingewurzelt ist, der die Tiefe des Labyrinthes seines Herzens durchschritten hat. Das Öl heilt und heiligt die Kranken an Seele und Körper, es besänftigt, kühlt, erfrischt, durchdringt die Haut und spendet Licht, wenn es in der Öllampe entzündet wird. Als Feuer ist das Öl zugleich Symbol der inneren Wandlung.

Der Weg ins Labyrinth ist ein Individuationsprozess, ein Weg zu ganzheitlicher Wahrnehmung. In Delphi sucht Theseus Orientierung für den weiteren Lebensweg. Urmutter Gaia steht für die Kräfte des Unbewussten, der Gott Apollo für das rationale Denken und das moralische Urteilsvermögen. Symbol des Gottes ist die Sonne, das Licht der Vernunft, das im Schein der Öllampe wiederkehrt. Theseus macht sich auf den Weg, Licht in die dunkle Familiengeschichte und in das Geheimnis des Labyrinthes zu bringen. Deshalb braucht er auch die Kräfte des Gottes.

Wer den Tempel von Delphi betrat, sah sogleich jene berühmte Aufforderung zur Selbsterkenntnis:

„Erkenne dich selbst!“
(„Gnothi seauton!“)

In Apollos Reich bedeutete Selbsterkenntnis zugleich ein Wissen um die Grenzen, die jedem Lebenslauf gesetzt sind. Allen voran die Begrenztheit durch die eigene Sterblichkeit („thneton onta"). Die erwachende Selbsterkenntnis im Jugendalter bedeutet auch das Wissen vom eigenen Tod, den jeder Mensch allein sterben muss.

Erkenne dich selbst,
erkenne, dass du sterblich bist!

Der Gang ins Labyrinth ist deshalb auch ein Weg in die Todeswelt. Was der Gott Apollo anzubieten hat, sind Hilfen zur Lebensbewältigung, Weisheitslehren, deren Wahrheit sich in unzähligen Lebensläufen bewährt hat:

„Nicht zuviel!"
(„Meden agan!")

„Blicke auf das Gegebene!"
(„Kairon hora"!)

„Nichts im Übermaß!"
(„Metron ariston!")

„Bescheide dich!"
(„Sophronei!")

„Bedenke das Sterbliche!"
(„Thneta phronein!")

Die Erdgöttin Gaia kann sich in Träumen mitteilen. Wie in Epidauros übernachten die Pilger in dem Heiligtum von Delphi und hoffen auf einen persönlichen Zuspruch und ein Weggeleit im Traum. Urmutter Gaia „spricht" aber auch durch ihre Prophetin, die Pythia. Diese sitzt auf einem Dreifuß über einer Erdspalte und teilt die Eingebungen aus der Tiefe dem Ratsuchenden mit. Neben ihr befindet sich der Omphalos, ein kegelförmiger Stein, der als Nabel der Erde und Mittelpunkt der Welt gilt. In der indischen Geisteswelt wäre er das dritte Chakra. Auch für Theseus hat Pythia eine Botschaft der Mutter. Sie lautet:

> „Wähle Aphrodite,
> die Göttin der Liebe,
> zu deiner Führerin!"

Daraufhin begibt sich Theseus an den Strand des Meeres, dem einst die Göttin der Liebe entstiegen war und opfert ihr eine Ziege. Während der heiligen Handlung wird das weibliche Tier in einen Bock verwandelt. Auch dieses Orakel verlangt nach Deutung. Vielleicht wird eine Wandlung des Bestehenden angekündigt. Vielleicht sogar ein tief gehender Wandel der Geschlechterbeziehung. Mit Sicherheit aber steht Theseus ein Bild der Ganzheitlichkeit vor Augen.

Vierte Stufe: Die Lebenslinie

Wir sind mit Theseus unterwegs zum Schauplatz. Doch wo liegt das von Daedalos errichtete kretische Labyrinth? Auf der Insel suchen wir es vergeblich. Haben sich keine Mauern erhalten? Wurde die Anlage nicht gefunden oder noch nicht ausgegraben? Im British Museum / London sind alte kretische Silbermünzen des 6. und 5. Jahrhunderts vor der christlichen Zeitrechnung ausgestellt. Auf einigen wird das Labyrinth mit sieben Umgängen abgebildet. Andere zeigen es als Swastika-Mäander mit den Symbolen Stier, Halbmond, Sterne oder dem Abbild der Muttergöttin Demeter. Hatte das kretische Labyrinth etwa die Form des Hakenkreuzes und symbolisierte die Sonne? War es der Ort, an dem Himmel und Erde den Ritus der heiligen Hochzeit vollzogen?

Der deutsche Archäologe Maximilian Meyer setzte 1882 als erster den Palast von Knossos mit dem Labyrinth von Kreta gleich. „Labrys" lautete angeblich die Bezeichnung für die große Halle der Doppeläxte. Auch Sir Arthur Evans, der den Palast von Knossos Anfang des 19. Jahrhunderts ausgrub, setzte das griechische „Labyrinthos" mit dem lydischen Wort „Labrys" gleich. In den langen und gewundenen Gängen, der Abfolge der Vorratskammern mit ihren Sackgassen sah er das historische Urbild des kretischen Labyrinthes.

Die modernen Kreter sind aufgeklärt und folgen der Vermutung des englischen Adligen. In Knossos zeigen Fremdenführerinnen die Ruinen des legendären Palastes des Minos'. Das Labyrinth ist ein Bild für Unübersichtlichkeit. Alle sichtbaren Labyrinthe, die jemals von Menschenhand errichtet, gezeichnet, in Silber gegossen oder mit Mosaiksteinen in den Boden gelegt worden sind, wollen auf eine verborgene Seite der Wirklichkeit hinweisen. Dieses unsichtbare Labyrinth liegt jenseits der äußeren, der sichtbaren Welt. Sein Ort ist der Weltinnenraum der Seele.

Theseus hat sich aus den alten Bindungen gelöst, aber er ist nicht ungebunden. „Wähle die Liebe zu deiner Führerin!", hatte das Orakel von Delphi gesagt. Damit war nicht nur Aphrodite gemeint, sondern vor allen Dingen jenes Mädchen, dessen Kindheit von allen dunklen Spielarten der Sexualität, von Ehebruch, Perversionen und Missbrauch überschattet war. Ariadne weiß, wer Theseus ist. Er ist der Sohn des Mannes, der ihren Bruder Androgenos erschlagen hat. Dennoch begrüßt sie ihn als ihren Befreier. Denn ihre Familiengeschichte ist wahrlich verworren. Neben Androgenos hat sie noch drei weitere Brüder, die Schwester Phaidra und einen Halbbruder. Theseus ist gekommen, ihn zu töten, und sie wird ihm dabei hilfreich zur Seite stehen.

Sodomie gehört zu den Abarten der menschlichen Sexualität. Der Schriftsteller Hubert Fichte berichtet in seinem autobiografischen Roman *Hotel Garni* (1987) von sodomistischen Praktiken mit Kühen auf einem Dithmarscher Bauernhof Anfang der fünfziger Jahre. Der Landwirtschaftslehrling Fichte beobachtet, wie sich die Knechte am Wochenende regelmäßig mit einem Melkschemel in der Hand den Kühen nähern, um sie von hinten zu besteigen. Der zwischen Mensch und Kuh vollzogene Geschlechtakt in Dithmarschen geschieht aus Mangel an menschlichen Sexualpartnern. Diese Sodomie ist Zeichen der Einsamkeit. Wenn die jüdische Tradition in der mythischen Erzählung von Sodom und Gomorrha von diesem Missbrauch der Tiere und einem Vergewaltigungsversuch an Engeln berichtet, dann schafft sie ein Symbol der Grenzüberschreitung.

Auch in Ariadnes Welt waren Grenzen überschritten worden. Ariadne hatte erlebt, wie ihre Mutter Pasiphae von heftiger Leidenschaft für einen Stier ergriffen worden war. Wie im spanischen Kulturraum Picassos galt auch auf Kreta der Stier als Symbol der Männlichkeit und unerschöpflichen Zeugungskraft. Ariadnes Vater hatte ihn als Geschenk erhalten mit der Auflage, den Stier dem Meeresgott Poseidon zu opfern. Er behielt ihn jedoch als Zuchttier für seine eigene Herde und opferte statt dessen ein minderwertiges Tier, was den Zorn des Gottes zur Folge hatte. Die Geschichte bildet das Gegenstück zu Theseus' Pilgerfahrt zum delphischen Orakel. Während dieser seinen Lebensweg in Einklang mit den göttlichen Grundgesetzen der Weltordnung bringt, verstößt Ariadnes Vater aus purem Eigennutz gegen die Ordnung der Götter.

Die Folgen dieses Frevels werden durch den sodomistischen Akt ins Bild gesetzt: Pasiphae erlebt eine Entgrenzung ihrer Seele. Die Sexualität wird zum Spiegel der ungeordneten Verhältnisse. Pasiphae befiehlt dem Architekten Daedalus, ein mit Häuten bespanntes Gestell zu bauen, kriecht dort hinein und lässt sich von dem Stier bespringen. Die Frucht dieser Verbindung ist der Minotaurus, jenes Mischwesen mit dem Körper eines Menschen und dem Kopf eines Stieres. Wohin mit dem unehelichen Kind? Was soll mit dem lebenden Beweis der entgrenzten Leidenschaft geschehen? König Minos lässt von Daedalus für den Minotaurus ein Gefängnis bauen: das Labyrinth von Kreta mit seinen vielen Irrgängen.

Man kann die Frage stellen: Warum vernichtet Minos den Minotaurus nicht? Will er seiner Frau lebenslang einen Spiegel vorhalten? Hält Pasiphae zu ihrem unehelichen Kind? Hatte sie etwa von ihrem Mann verlangt, dass er das Labyrinth errichten lässt, damit ihr Kind, zu dem sie sich öffentlich nicht bekennen wollte, doch im Verborgenen weiter lebe? Das Labyrinth von Kreta ist der Ort, an dem das Verdrängte wohnt. Die Opfergabe, die Minos von den Athenern fordert, illustriert die Folgen der Verdrängung. Eine Spirale des Todes entsteht, die ihre Kreise weit über die Familie hinaus zieht. Aber die Spirale ist auch eine mögliche Grundform des Labyrinthes.

Ariadne will diese Todesspirale immer neuer Opfer durchbrechen. Deshalb hilft sie Theseus. Ihre Liebe möchte stärker sein als der Tod. In ihrer Kindheit hat sie erlebt, wie 14 junge Männer und 14 junge Frauen spurlos im Labyrinth verschwanden. Das soll sich nie mehr wiederholen. Wo der Tod herrschte, soll neues Leben blühen. Aus der Todesspirale soll ein Weg der Überwindung des Todes werden. Schon früh musste sie hinter die Kulissen schauen. Sie kennt die dunklen Seiten der Seele. Sie weiß, wohin Verdrängung führt. Ihre Kindheit war nicht behütet. Das hat sie aber nicht pessimistisch gemacht. Im Gegenteil! Sie zieht aus den negativen Erfahrungen ihre Energie. Da sie die Wege und Irrwege des menschlichen Lebens aus Erfahrung kennt, ist sie eine hervorragende Seelenführerin, Heilerin und Therapeutin. Sie kann für andere Perspektiven eröffnen und ihnen dadurch Orientierung mit auf den Lebensweg geben. Darin sieht sie ihre Berufung.

Theseus hatte sich in Delphi auf den Eintritt ins Labyrinth vorbereitet. Auf den Altar des Gottes hatte er einen Ölzweig mit einem

Streifen weißer Wolle gelegt. Dass seine Begegnung mit Ariadne alles andere als zufällig war, symbolisiert das Wollknäuel. Aus der ungesponnenen Wolle am Anfang des Weges ist der Wollfaden geworden. Es ist der rote Faden seines Lebens, seine Lebenslinie.

Fünfte Stufe: Überwindung

Alle Labyrinthgeschichten erzählen auch von den Schicksalsmächten, die unser Leben bestimmen. Ist unser Leben Zufall oder Notwendigkeit?, hatte der französische Biochemiker Jacques Lucien Monod (1910–1976) gefragt. Seine Antwort lautete: Der Mensch möchte, dass seine Existenz unvermeidbar und seit allen Zeiten beschlossen sei. Er wünsche sich, dass hinter seinem individuellen Leben ein großer Plan stehe. Tatsächlich aber sei der Mensch wie ein Zigeuner am Rande des Universums, einsam, verlassen und fremd. Das Weltall sei taub für die menschliche Klage, gleichgültig gegenüber unseren Hoffnungen, Leiden und Verbrechen.

Hinter der Labyrinthsymbolik steht jedoch eine andere Deutung des Lebens. Der Mensch ist kein Produkt des Zufalls. Er ist gewollt. Hinter seinem Leben steht ein Plan. Doch kann der Sinn des Lebens nicht im wissenschaftlichen Sinne bewiesen werden, so wenig wie die Existenz der Liebe. Labyrinth und Liebe wollen erfahren werden. Wir müssen uns auf sie einlassen. Wer den Sinn des Lebens erfahren möchte, muss sich auf die Reise zur eigenen Mitte begeben.

Theseus ist dies Wagnis eingegangen, als er von Delphi nach Kreta aufbrach. Er hat eine Entscheidung getroffen, er hat den Mut gehabt, Neuland zu betreten und sich auf den Weg ins Unbekannte zu begeben. Nun erfährt er unterwegs, wie sich ihm die Welt zuordnet und wie er im Gehen getragen wird. In der Begegnung mit einem anderen Menschen enthüllt sich ihm der rote Faden seines Lebens, seine Lebenslinie.

Der Gang ins Labyrinth von Kreta und der Sieg über den Minotaurus bilden die nächste Stufe der Initiation. Theseus begegnet dem Tod, dessen Macht bis in sein Elternhaus reicht. Er tötet den Tod, damit neues Leben blühen kann. Als er wieder aus dem Labyrinth heraustritt, ist er wie neugeboren. Jetzt ist er erwachsen geworden. Er hat den Schatten des Vaters überwunden.

Sechste Stufe: Abschied von der Seelenführerin

Nach der Lösung aus alten Beziehungen und Abhängigkeiten entsteht ein Vakuum. Es kann neue Kräfte freisetzen, aber auch schnelle Fluchten zur Folge haben. Jeder Mensch muss seinen Weg gehen und eigene Erfahrungen sammeln. Ariadne flieht zwar mit Theseus von der Insel Kreta, wird ihn jedoch weder bis nach Athen begleiten noch heiraten. Nach einer Zwischenstation auf der Insel Naxos trennen sich die beiden.

Viele Gründe für die Trennung sind genannt worden. Ein Erkalten der Liebe wurde vermutet. Stürme, so heißt es, hätten das Schiff plötzlich von der Insel weggetrieben. Der römische Dichter Ovid lässt die enttäuschte Ariadne einen langen Liebesbrief an Theseus schreiben. Dionysiaka des Nonnos (5. Jahrhundert n. Chr.) kostet ihr Leiden lustvoll aus und behauptet, ihre Tränen haben sie nur noch schöner erscheinen lassen. Claudio Monteverdi (*Arianna*, 1608), Georg Friedrich Händel (*Ariadne auf Kreta*, 1734), Josef Haydn (*Ariadne auf Naxos*, 1791) komponierten Opern. Hugo von Hofmannsthal schrieb 1910 das Libretto *Ariadne auf Naxos* für Richard Strauß.

Die Schicksalswege von Theseus und Ariadne hatten sich vor dem kretischen Labyrinth gekreuzt und für eine gewisse Zeit wurde sie zu seiner spirituellen Führerin. Gewiss wird Liebe mit im Spiel gewesen sein. Nicht anders hatte es das Orakel von Delphi gewollt. Ariadnes Liebe war jedoch ohne sexuelles Begehren. Wenn auch nicht frei von Eigennutz, so war ihre Liebe zuerst Fürsorge und Dienst. Als Mystagogin führte sie seine Seele in die Tiefen des kretischen Labyrinthes. In dieser Initiation lag der Sinn ihrer Begegnung. Als sie erfolgt ist, nimmt Theseus Abschied von seiner Seelenführerin.

Siebte Stufe: Veränderungen

Die Rückkehr beginnt. Theseus und seine dreizehn Begleiter nehmen mit dem Segelschiff Kurs auf Athen. Wie es der Brauch forderte, waren bei der Ausfahrt schwarze Segel als Zeichen der Trauer gehisst worden. Aigeus hatte mit Theseus folgende Vereinbarung getroffen: Sollte das Unternehmen negativ ausgehen und die Jugendlichen wie in den Jahren zuvor dem Minotauros zum Opfer fallen, so wären auch bei der Rückfahrt schwarze Segel zu hissen. Im Falle eines Sieges über den Minotauros jedoch weiße Segel. Von Aigeus wird erzählt, er habe täglich auf einer Klippe gestanden und nach dem Schiff Ausschau gehalten. Eines Tages entdeckte er es am Horizont. Er wartete. Das Segelboot kam näher. Jetzt erkannte Aigeus die Farbe der Segel: schwarz. Da stürzte er sich über die Klippen ins Meer.

Warum hatte Theseus entgegen der Vereinbarung die schwarzen Segel nicht gewechselt? Geschah es aus Nachlässigkeit oder Vergesslichkeit? Mit Sicherheit nicht! Wenn er vergessen hätte, die weißen Segel zu hissen, die anderen Begleiter hätten ihn daran erinnert. Theseus hatte wohl einen Grund. Er hatte die alte Welt seines Vaterhauses hinter sich gelassen. Sie war „für ihn gestorben".

Jede Reise zur Mitte hat eine Vor- und eine Nachgeschichte. Was nützte der Gang in die Fremde, welchen Wert hätte der gefährliche Weg ins Dunkle und bisher Unbekannte, wenn bei der Rückkehr alles beim Alten bliebe? Die Labyrintherfahrung auf Kreta wird ins Leben hineingeholt. Der Sprung des Vaters ins Meer wiederholt den Gang des Sohnes ins Labyrinth. Nun taucht der Vater ins Meer des Unbewussten ein. Vielleicht wird auch er neu geboren. Dann könnte sich die alte Familienstruktur wandeln.

Der Minotauros war tot. Das kretische Gefängnis stand leer. Was aber wurde aus seinem Erbauer Daedalus? Als Theseus und Ariadne mit den jungen Frauen und Männern von der Insel Kreta geflohen waren, stellte König Minos unter seinen Dienern Nachforschungen an, wer von ihnen Theseus geholfen haben könnte. Dabei kam heraus, dass Daedalus der Königstochter Ariadne den Hinweis auf den Wollfaden-Trick gegeben hatte. Zur Strafe wurden er und sein Sohn Ikarus in das Labyrinth gesperrt.

Man könnte glauben, der Architekt des Gefängnisses dürfte wohl mit Leichtigkeit ausgebrochen sein. Aber so war es nicht! Manchmal verlieren wir die Kontrolle über das, was wir selbst geschaffen haben. Das Schiff rammt einen Eisberg, versinkt im kalten Atlantik und zieht Tausende in den Tod. Ein Atomreaktor explodiert und verstrahlt die Gegend für Jahrhunderte. Daedalus war der Architekt des Schreckens und wurde Opfer seiner eigenen Erfindung.

Daedalus und Ikarus suchten nach einem Ausweg. Da sie ihn im Gewirr der Gänge nicht fanden, blickten sie hinauf in den Himmel und beobachteten den Vogelflug. Das brachte den Vater auf eine neue Idee. Aus Federn und Wachs konstruierte er für sich und seinen Sohn zwei Flügelpaare. Wie kam er an das Material? König Minos hatte den Wissenschaftler eingesperrt, doch nutzte er wahrscheinlich weiterhin sein Können und stellte ihm Material zur Verfügung.

Sie flohen mit Hilfe der Flügel, erhoben sich in die Luft, sahen den Palast schon weit unter sich liegen. Da wurde Ikarus immer mutiger und schließlich übermütig. Der Rausch der Technik hatte ihn ergriffen. Plötzlich schmolz das Wachs zwischen den Federn, und er stürzte in die Tiefe. Wieder war das Opfer ein Sohn!

Die Reise ins Labyrinth von Kreta liegt Jahrtausende zurück und ist doch gegenwärtig durch ein Ritual, das Ariadne und Theseus gefeiert hatten, bevor sie sich auf Naxos trennten. Die Befreiung war ein Wendepunkt in ihrer Biografie. Auf der heiligen Insel Delos, so wird erzählt, stellten sie eine Statue der Aphrodite auf, jener Göttin der Liebe, deren Ratschlag Theseus gefolgt war. Dann tanzten sie einen Labyrinthtanz. Im Tanz mit den Jugendlichen wurde die Reise ins Labyrinth noch einmal vergegenwärtigt: die Begegnung mit der unheimlichen Macht des Todes und der Sieg über den Minotauros. Homer (*Ilias*, XVIII., 590–606) beschrieb die Choreographie. Labyrinthtänze halten die Erinnerung an die Reise nach Kreta bis auf den heutigen Tag wach. Deshalb halten auch wir auf unserer Reise inne und folgen dem Weg des Tanzes durch die Jahrhunderte.

ERSTER WENDEPUNKT:
TÄNZE UND SPIELE

> „Theseus tanzte die Geranos zuerst,
> indem er mit den geretteten Kindern
> um den delischen Altar herum
> den Ausgang aus dem Labyrinth nachahmte."
>
> (Pollux, *Onomastikon*)

Tante Martha hatte uns von einem Labyrinthtanz aus ihrer Kindheit erzählt. Wir wohnten mit der Großtante in einem Haus. Wenn sich nach kalten Winternächten Eisblumen an den Fensterscheiben bildeten, dann nahm sie ein Streichholz und zeichnete die Gänge eines Labyrinthes in das Eis. Auf den gefrorenen Gewässern ihrer Heimatstadt Breslau, so erzählte sie, hätten sie diese Labyrinthmuster gezogen. Ein Mädchen stand in der Mitte und ein Junge musste von außen zu ihr vordringen, ohne die Wegbegrenzung zu berühren. Die anderen begleiteten seine Fahrt mit Liedern und Händeklatschen. Hatte er das Mädchen erreicht, musste er die Augen schließen. Das Mädchen nahm ihn an die Hand und führte ihn aus dem Labyrinth. Gelang ihr dies ohne Berührung der Wegbegrenzung, dann gab es eine Überraschung. Welcher Art verriet sie nicht. „Aber wehe", sagte Tante Martha, „der Vater hätte davon erfahren!"

Der Kranichtanz

Für den kretischen Labyrinthtanz, den Theseus und Aridane auf Delos tanzten, gibt es zwei Grundstellungen. Die Tänzer und Tänzerinnen nehmen sich an die Hand oder sind mit einem Taschentuch oder durch ein Seil miteinander verbunden. Dieses Seil symbolisiert den Ariadnefaden. Die Schrittfolge bildet das vorsichtige Schreiten des Labyrinthgängers ab: drei Schritte nach vorn, zwei auf der Stelle, einer zurück. Oder: drei Schritte vorwärts, zwei zurück. Der Rückschritt verweist auf die Verzögerungen und Umwege, die uns auf dem Weg zur Mitte erwarten.

Dieser Tanz wird auch Kranichtanz oder Geranos genannt, weil die Schrittfolge an das Schreiten der Kraniche während der Balzzeit erinnert. Noch heute wird dieser Labyrinthtanz auf Delos in der Nacht aufgeführt. Dabei tragen die Tänzer Fackeln. Der Führer der Tänzerkette oder Geranulkos gilt dabei als Nachfolger des Theseus. Mit ihm wiederholen die Tänzer die Tiefenerfahrung, die Theseus einst auf Kreta machte. Der Labyrinthtanz ist ein Initiationsritus: Der Geranulkos erreicht als erster Tänzer die Mitte. Ihm folgen die anderen, wiederholen seine Erfahrung von Tod und Neugeburt. Im Labyrinthtanz wird das Leben gefeiert. Er ist ein Ritual der Erneuerung. Aus ihm hat sich wahrscheinlich das Bild vom Sieben-Gänge-Labyrinth entwickelt.

Der Ritus gab der einmaligen Erfahrung von Theseus und Ariadne Ausdruck und zugleich eine Form, die in Zukunft von jedem Tänzer wiederholt werden konnte. Der Sinn eines Ritus ist die Wiederholung der einmal gemachten Erfahrung an jedem beliebigen Ort und zu jeder gewünschten Zeit. Sein Ziel ist die Initiation, ein bewusster, umsichtiger Weg der stufenweisen Einweihung in das Geheimnis des Lebens. Er vollzieht sich schrittweise unter Anleitung eines Kundigen. Dieser kann ein Priester, ein Novizenmeister, ein Guru, ein Pir, ein Mystagoge oder Schamane sein. Der Initiationsweg führt zur Mitte des Labyrinthes. Er setzt bei dem

Labyrinthgänger (Adept, Novize, Schüler) eine innere Bereitschaft zur echten Selbsterfahrung und einen Willen zur Wandlung des alten Lebens voraus. Der Tanz im Labyrinth ist ein Weg der Umkehr. Das Alte soll sterben, das Neue geboren werden. Der Initiationsweg führt durch den Tod zur Neugeburt.

Dieses Mysterium findet auch Ausdruck in den Bewegungsrichtungen. Die jeweilige Wendung nach links oder rechts hat dabei eine spirituelle Bedeutung. In pendelförmigen Bewegungen geht der Weg einmal nach links in die Todesrichtung, dann nach rechts in die Richtung der Neugeburt. Die Gangführung im Labyrinth schwingt dabei in großen Bögen um die Mitte. So wird das Zentrum während des Weges von allen Seiten und aus verschiedenen Perspektiven betrachtet. Die Wegführung im Labyrinth verzögert bewusst den direkten Zugang zur Mitte. Sie folgt dem „Prinzip Umweg". Sie ist eine Entdeckung der Langsamkeit. Das Geheimnis gibt sich nur stufenweise preis. Durch die Umwege lernt der Tänzer den Umgang mit sich selbst kennen. Mit jedem Umgang findet eine schrittweise Zentrierung der Person statt. Ziel des Initiationsweges ist die in sich ruhende Persönlichkeit, der Mensch, der seine Mitte gefunden hat und aus ihr lebt.

Irrgarten und Labyrinth

Uns Kindern waren alle Labyrinthe Irrgärten. Aber „Labyrinth" und „Irrgarten" meinen nicht das Gleiche. Für unsere weitere Reise ins Labyrinth wollen wir den Unterschied herausstellen. Denn selbst in großen Zeitungen wird er nicht gesehen. So war im „Reiseblatt" der *Frankfurter Allgemeinen Zeitung* vom 18. Mai 2000 zu lesen:

„Auf der dänischen Ferieninsel Samsö
wurde in einer Weihnachtsbaum-Pflanzung
Europas größter *Irrgarten* eröffnet;

insgesamt hat man in dem
Labyrinth aus Nadelbäumen
ein Wegesystem von
fünf Kilometern angelegt."

Labyrinth und Irrgarten sind hier austauschbare Worte. Meist benutzen wir das Wort „Labyrinth" im übertragenen Sinne, so zum Beispiel wenn wir davon sprechen, dass uns etwas undurchdringlich oder verworren vorkam (Straßenlabyrinth, Kontenlabyrinth etc.). Wichtig ist jedoch: Ein Labyrinth ist kein Irrgarten.

Abb. 1: Irrgarten

Im Irrgarten gibt es viele Wege und Wegkreuzungen. Sie stellen an den Besucher besondere Anforderungen. Er muss den rechten Weg wählen und dazu eine Entscheidung treffen. Diese kann sich als falsch und sinnlos herausstellen. Wer den gewählten Pfad beschreitet, kann „in die Irre gehen", auf die „falsche Bahn geraten", „der Welt verloren gehen". Im Irrgarten gibt es Sackgassen. Wer sich plötzlich an einem „toten Punkt" wiederfindet, erkennt die Sinnlosigkeit des eingeschlagenen Weges. Er hat das Ziel verpasst und seine Chance vertan.

Aus Erfahrungen wird man klug! Dieses Sprichwort gilt nicht für die Wege in einem Irrgarten. Im Irrgarten regiert das „Prinzip Zufall". Um die Mitte im Irrgarten zu finden, muss man wie in der Lotterie oder beim Loskauf einfach Glück haben. Wer einen falschen Weg gewählt hatte, konnte nichts dazulernen. Er hat keine Erfahrungen gesammelt, auf die er aufbauen kann. Er muss sein Glück einfach von Neuem wagen.

Irrgärten haben eine besondere Bauweise. Die Wege sind durch hohe Mauern, Zäune, Hecken oder Spiegelglas begrenzt. Der Besucher „blickt nicht durch". Auf seinem Gang sieht er die Mitte nicht. Plötzlich kann sie auftauchen. Unverhofft aber kann sich der Besucher auch am Ausgangsort wiederfinden.

Die ersten bildnerischen Darstellungen von Irrgärten finden wir im 15. Jahrhundert. Bezeichnenderweise stehen sie in einem Buch über Kriegsmaschinen des venezianischen Arztes Giovanni Fontana (1395–1455), das sich heute im Besitz der Bayerischen Staatsbibliothek, München, befindet. Giovanni Fontana zeichnet runde und rechteckige Irrgärten. Als seine Vorbilder nennt er das kretische Labyrinth des Baumeisters Daedalus, ein ägyptisches, das von Arabern errichtet worden sei, und ein römisches Labyrinth. Für Giovanni Fontana ist der Irrgarten ein Bauwerk zur Kasernierung von Kriminellen. In der Mitte eines Irrgartens steht deshalb das Wort „Gefängnis" („carcer").

Labyrinthe dienten zuweilen auch militärischen oder magischen Zwecken. So wurde beispielsweise in Indien eine kreisförmige Schlachtordnung als Labyrinth bezeichnet. In dem bekannten altindischen Mahabharata-Epos führt der Magier Drona einen Kampf gegen seinen Gegner, den Prinzen Abhimanyu, indem er seine Truppen in Labyrinth-Form aufstellt. Zur Geschichte des Labyrinths gehört auch seine Funktion in der Bekämpfung von dunklen Mächten, bösem Zauber und vor allen Dingen in der Abwehr von Dämonen. Man glaubte, dass sich der Dämon im Gewirr der Gänge verirren werde.

Ein Irrgarten kann Terror oder Spiel sein. Wer kennt nicht den Moment der Panik, der uns im Spiegellabyrinth der Jahrmärkte plötzlich ergreift? Im Nu ist die Heiterkeit dahin, und Entsetzen erfasst die Seele: Hier kommst du nicht mehr lebend raus! Mit leuchtenden Augen lief das Kind in den Irrgarten aus Buchenhecken, bald hört die Mutter seine panischen Schreie.

Spiel und Verführung sind die Irrgärten, die in japanischen Kaufhäusern errichtet wurden. Sie sind aus Holzwänden, Drahtgestellen oder Plastikplatten konstruiert und können durch einen leichten Handgriff umgestellt werden. Dieser sich ständig wandelnde Irrgarten soll die Kunden zu immer neuen Kaufabenteuern animieren. Über den Irrgarten von Funasbashi in der Bucht von Tokyo wachen Animateure. Mit Hilfe von Megaphonen dirigieren sie Kunden, die sich in einer Sackgasse verlaufen haben. Der Kaufhaus-Irrgarten wird auch „Landsborough" genannt, nach dem neuseeländischen Architekten Stuart Landsborough. Seine „Labyrinthe-Gesellschaft" mit Sitz in Osaka hat Kaufhäuser in Noda City, Urawa, auf den Inseln Honschu, Kiuschu, Hokkaido und in Amerika gestaltet.

Im Unterschied zum Irrgarten kennt das Labyrinth keine Irrwege und Sackgassen. Sein Bauplan ist denkbar einfach: Es hat einen Eingang und einen Weg, der in zahlreichen Schwüngen und Umkehrungen immer zur Mitte führt. Im Labyrinth kann man sich nicht verlaufen. Auch sind die Wege nicht durch hohe Mauern oder Hecken getrennt. Die Wegführung ist auf steinigen Untergrund mit Kreide oder Farbe gezeichnet, als Mosaik gelegt, in den Rasen gestochen oder mit Blumen gepflanzt.

Man kann das Labyrinth schnell durchlaufen, ohne unterwegs etwas erfahren zu haben. Dann ist der Gang durchs Labyrinth nicht mehr als eine Freizeitbeschäftigung oder ein sportiver Akt. Wer den Weg jedoch mit spirituellem Spürsinn durchschreitet, wer sich mit wacher Seele ins Labyrinth begibt, dem wird es zum Ort der Selbstbegegnung und Selbstfindung. Im Labyrinth gibt es nur einen Weg und schnell glaubt man die Mitte zu erreichen. Doch dieser Zugang ist nicht direkt, vielmehr wird man von der Mitte weggeführt, das Ziel gerät aus den Augen. Man wird Umwege geführt, Gefühle stellen sich ein: freudige Erwartung, Enttäuschung, Ungeduld, Zorn – man erfährt sich selbst. Auf dem Weg zur Mitte offenbart sich die eigene Natur.

Der Labyrinthgänger kann die Mitte immer im Blick haben. Im Schreiten durchmisst er den ganzen Raum des Labyrinthes, erlebt, wie er sich der Mitte immer wieder annähert und sich von ihr entfernt. Nach vielen Umwegen und nachdem er den gesamten Innenraum des Labyrinthes durchschritten hat, gelangt er unweigerlich zu ihr. Im Labyrinth kann man nicht verloren gehen.

Abb. 2: Sieben-Gänge-Labyrinth aus Kreta

Jedes Labyrinth hat eine Mitte. Als Symbol der Selbstfindung bildet sie das Ziel des Lebensweges. Die Wege durch das Labyrinth des Lebens sind jedoch gewunden. Auf den ersten Blick erscheint die Wegführung chaotisch. Tatsächlich aber folgt jedes Labyrinth einer Grundstruktur. Der Eindruck von Unordnung weicht schrittweise der Ordnung. Was zuerst als reines Chaos erschien, wird allmählich als Kosmos erfahrbar. Damit ist das Labyrinth auch ein Gleichnis für unsere Beheimatung in der Welt. Wer sich auf den Weg begibt, wird erfahren: Die Welt ist wunderbar im Ganzen. Auf die Grundordnung ist Verlass, und am Ende der Reise ins Labyrinth erreicht jeder Mensch – trotz aller Umwege – die eigene Mitte.

> Im Irrgarten wandert der Abenteurer,
> im Labyrinth der Pilger.
> Einer erfährt die Welt,
> der andere die Seele.
> Einer sucht Glück,
> der andere Heil.
> Der Abenteurer geht in Unruhe,
> der Pilger in wachsender Ruhe.
> Der Weg im Irrgarten macht atemlos,
> der Weg im Labyrinth führt zu ruhigem bewusstem Atmen.

Die Lehre des Labyrinthes ist eindeutig: Wer Erfahrungen machen will, muss bereit sein, Umwege zu gehen. Das Labyrinth ist ein „Prinzip Umweg" (Hermann Kern). Das „Prinzip Umweg" steht für Nachdenklichkeit, eine Verzögerung der Reaktion auf Reize, es stiftet Sinn für die retardierenden Momente auf dem Weg zum Ziel: Krankheiten, Krisen, Rückschläge, Zweifel – und es hält an, in ihnen Wachstumskräfte zu finden. Das Labyrinth ist eine Schule der Langsamkeit. Je mehr Umwege der Labyrinthgänger durchschreitet, desto intensiver wird der Raum der Welt erfahren. Jeder Wendepunkt im Labyrinth des Lebens schenkt eine neue Blickrichtung auf das

Geheimnis der Mitte. Irrgarten und Labyrinth markieren unterschiedliche Erfahrungen auf dem Lebensweg. Doch für beide gilt:

Entscheide dich!

Tanz der Sonnengöttin

Das Sieben-Gänge-Labyrinth von Kreta wurde tausendfach nachgebaut. Dabei dienten Feldsteine als Wegbegrenzung. Die uralten Feldsteinlabyrinthe sind auch über ganz Skandinavien verbreitet. Sie wurden aus faust- bis kopfgroßen Steinen errichtet, die ohne weitere Bearbeitung auf freiem Feld ausgelegt wurden. Ihr Durchmesser beträgt zwischen sieben und 18 Metern, die Zahl der Umgänge variiert zwischen neun und 15. Sie wurden überwiegend in Küstennähe oder auf Inseln errichtet.

Auf Island gibt es drei Feldsteinlabyrinthe, in Finnland 141, in Norwegen 20 und in Schweden etwa 300. An der Ostseeküste Russlands und am Weißen Meer finden sich rund 60 Feldsteinlabyrinthe. Die ersten Nachrichten von diesen Feldsteinlabyrinthen am nördlichen Ende Europas erschienen im Jahre 1837. Ernst von Baer hatte sie auf seiner Expedition nach Nowaja Semlja entdeckt. Besonders schön ist das Feldsteinlabyrinth auf der Großen Haseninsel im Solovietzky-Archipel bei Archangelsk. Moose und Flechten wachsen auf den Steinen, so als wiederholte sich hier der Übergang von der unbelebten zur belebten Natur.

Nach einem alten Tanzspiel, das bei Stadtgründungsfeiern aufgeführt wurde, werden die Steinkreise auch Trojaburgen genannt. Auf die frühere Existenz einer Trojaburg verweist der Städtename „Trelleborg". Er war im frühmittelalterlichen Dänemark und in Südschweden 31 Mal verbreitet. In England heißen die Steinkreise Troy-Town, The Walls of Troy, Troy's Walls und in Wales Caerdroia.

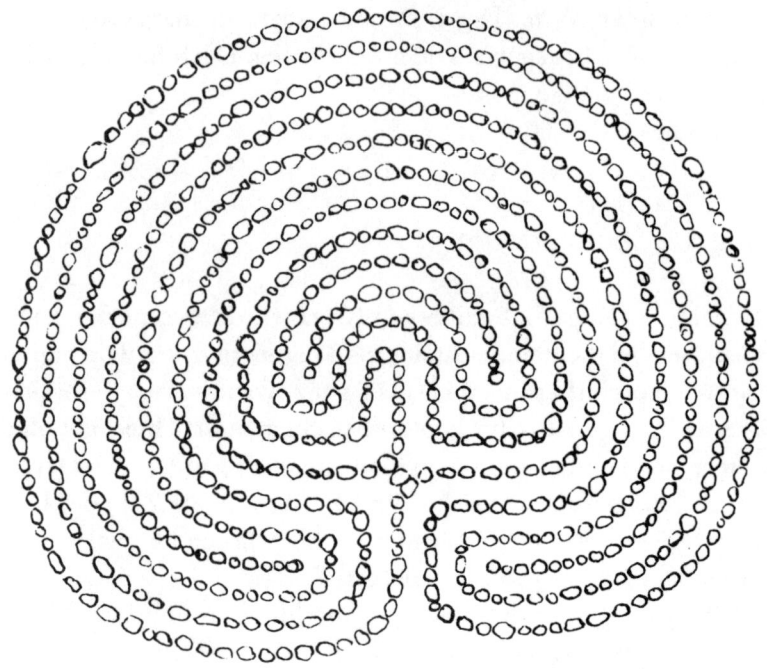

Abb. 3: Trojaburg bei Visby/Gotland, nach Kraft, S. 32, Abb. 11

Theseus und Ariadne hatten die Welt des Todes überwunden. Deshalb gab es eine Reihe von Tänzen im Zusammenhang mit Bestattungszeremonien. Viele Trojaburgen liegen neben prähistorischen Grabanlagen aus der Bronzezeit. Hier wurden Tänze zu Ehren der Verstorbenen veranstaltet. Dabei symbolisierte das Labyrinth das Totenreich. Der Tanz der Lebenden im Steinkreis sollte der Seele auf ihrer Reise durch die Unterwelt ein sicheres Geleit geben. Tanzen war mit magischen Vorstellungen verbunden. So durchschritten Fischer die Steinkreise in der Absicht, das Wetter zu beeinflussen, den Fang zu erhöhen oder sich selbst gegen die Gefahren auf See zu schützen. Wenn draußen auf hoher See die Stürme tobten, dann gingen die Fischersfrauen zu den Steinkreisen und versuchten, durch ein Tanzritual ihren Männern zu helfen.

Auch auf andere Weise sollte die richtige Art des Gehens oder Tanzens im Labyrinth den Menschen Glück bringen. In Lappland suchte man sich durch das Labyrinth gegen den Vielfraß zu schützen, in Island, wo die Labyrinthe „Wielandhäuser" heißen, gilt das Labyrinth als Tierfalle, in Südschweden dient es der Abwehr von Wölfen und Gnomen, aber auch dem Schutz vor Geisteskrankheit. Frauen gaben ihr Wissen von Geburt, den Zyklen des Lebens und des Todes in Labyrinthritualen weiter. Die magische Kraft des Tanzes wurde auch mit der bekannten Geschichte vom Einsturz der Mauern der Labyrinthstadt Jericho in Verbindung gebracht.

Getanzt aber wurde vor allen Dingen, um die Kräfte des Lichtes, des Lebens und der Liebe zu beschwören. Nördlich des Polarkreises herrscht während des gesamten Winters Dunkelheit. Umso intensiver wird das Wiederauftauchen der Sonne aus der langen Nacht erlebt. Im Fruchtbarkeitstanz wird der Frühling gefeiert, die Erlösung der Sonnenjungfrau aus dem Labyrinth des Winterdrachens. Jungfrauentanz („Jungfrudans") lautet einer der zahlreichen Namen für den Labyrinthtanz.

Ein Tanzspiel aus dem Fischerdorf Skären/Nordschweden heißt „Haus der Trolle". Die Trolle haben ein Mädchen entführt und halten es in der Mitte des Labyrinthes gefangen. Nun muss es von den Tänzern befreit werden. Auch in dem Spiel „Grimborgs Braut" geht es um die Befreiung der Geliebten aus den Fängen einer bösen Macht.

Die Beliebtheit und Verankerung dieser Tanzspiele im skandinavischen Brauchtum erkennt man auch daran, dass ein Beispiel Eingang in das verbreitetste dänische Lesebuch gefunden hat. Die Erstausgabe erschien im Jahre 1907. Noch in den fünfziger Jahren lernten die Kinder daraus folgenden Reim:

„Viele, viele, viele
lange, lange, lange

schlinge, schlinge, schlange Gänge
bis zur Prinzessin hin.
Findest du sie
so gewinnst du sie
aber stehst du und gaffst
dann verlierst du wohl."

Abb. 4: Dänisches Schulbuch: Jungfrauentanz, nach Kraft, S. 29, Abb. 9

Der schwedische Kunsthistoriker Lars-Ivar Ringbom hat drei Tanzformen für den Gebrauch der Feldsteinlabyrinthe vorgeschlagen.

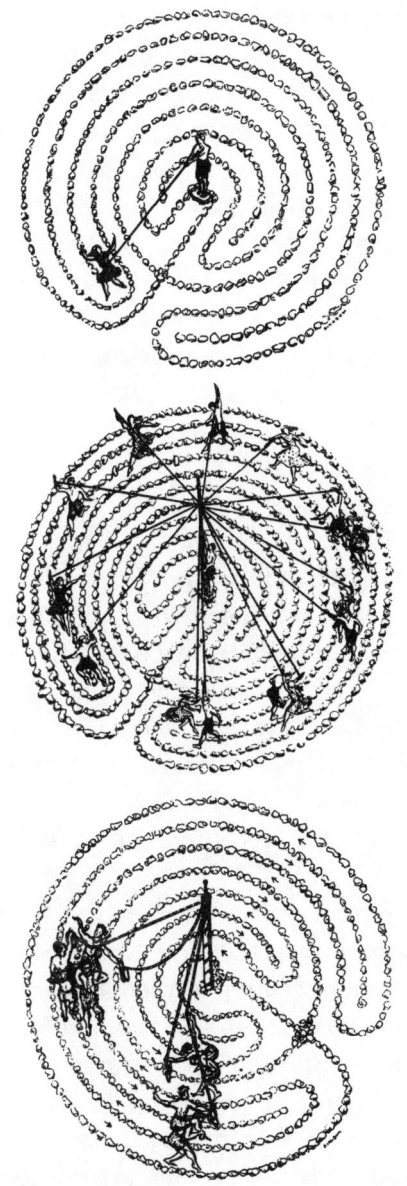

Abb. 5–7: Tanzformen im Labyrinth, nach Kern, S. 405, Abb. 571–573

Bei der ersten Tanzform steht der Jüngling in der Mitte, während sich die Geliebte tanzend durch die Gänge des Labyrinthes auf ihn zu bewegt. Durch ein Seil, einen Ariadnefaden, sind beide verbunden. Die zweite Variante besteht aus einem Gruppentanz junger Menschen. In der Mitte des Labyrinthes befindet sich ein Pfahl. Er symbolisiert die Fruchtbarkeit und Lebenskraft. Mit ihm sind die Tanzenden durch einen Ariadnefaden verbunden. Bei der dritten Variante, dem „Trojaspiel", handelt es sich um ein Kampfspiel für junge Männer. Auch sie sind durch Bänder mit der Mitte verbunden. Einer der Partner nimmt den anderen während des Kampfes Huckepack.

Ostertanz

Der Tanz als Ausdruck und feierliche Vergegenwärtigung einer Befreiung aus der Gefahr hatte auch über Jahrhunderte eine Heimat in den französischen Kathedralen der Gotik. Hier gibt es große Fußbodenlabyrinthe, durch die der Pilger allein oder in einer Gruppe schreiten kann. In der Osternacht aber, wenn die christliche Gemeinde den Sieg des Lichtes über die Dunkelheit feierte und die Auferstehung aus allen lebensfeindlichen Verhältnissen, zog die Gemeinde tanzend durch das Kirchenlabyrinth – der Bischof voran.

Über Jahrhunderte war der Ostertanz durch das Labyrinth ein beliebtes Ritual, mit dessen Hilfe die Kraft des Himmels und der spirituellen Neugeburt erfahren werden konnte. Besonders in der Nacht zum Ostersonntag zogen Kleriker und Laien durch das Labyrinth. Während die spirituelle Gemeinschaft sich tanzend und singend um das Labyrinth herum bewegt, schreiten einzelne Personen durch die Gänge auf die Mitte zu. Dabei werfen sie einen Ball, der so groß sein muss, dass er nur mit zwei Händen gehalten werden kann, den Tanzenden zu. Dieser Ball symbolisiert das Himmelslicht, das als Sonne der Erneuerung in jedem Herzen leuchtet, und zugleich die neues Leben schenkenden Kräfte der Natur. Das Ritual des Ostertanzes wird mit einem gemeinsamen Festmahl beschlossen.

Der „Weg nach Jerusalem" heißt ein weiteres Ritual, das an die heilige Stadt der Juden, Christen und Muslime erinnert. Sie gilt vielen Gläubigen als spirituelle Mitte der Welt. Im Mittelalter diente das Ritual denjenigen als Ersatz für eine Pilgerreise in den Vorderen Orient, denen es an Zeit oder Geld mangelte. Die zweite, esoterische Bedeutung des Rituals ist heute noch von großer spiritueller Bedeutung. Der Name „Jerusalem" verweist nicht nur auf die sichtbare Stadt, in der Salomo den jüdischen Tempel erbauen ließ, in der Jesus lehrte und starb und der Prophet Mohammed mit seinem Pferd Buraq in den Himmel sprang. Diese Stadt auf Erden hat ein himmlisches Gegenstück, das zwölftorige himmlische Jerusalem. Im zweiten Ritual wird der Weg durch das Labyrinth zu einem „stairway to heaven", zu einem Weg in den Himmel.

In Reims gab es für die Pilger ein eigenes Gebetsbüchlein mit dem Titel: *Stationen für den Weg nach Jerusalem, den es in der Kathedrale zu Unserer Lieben Frau in Reims gibt.* Im Jahre 1778 wurde das Labyrinth auf Veranlassung des Kanonikus' Jacquemart zerstört. Den frommen Eiferer störte das lustige Treiben auf dem Labyrinth. Schon zehn Jahre zuvor wurde das Labyrinth von Sens aufgehoben. Hier nahmen die Kleriker Anstoß am heiteren Spiel der Kinder. Weitere Auflösungen folgten, so etwa 1840 im Kölner Dom. Wo die Labyrinthe nicht zerstört wurden, begann man sie mit Stühlen zu verstellen, damit sie nicht mehr benutzt werden konnten.

Englische Rasenlabyrinthe

Das englische Gegenstück zu den skandinavischen Feldsteinlabyrinthen sind die Rasenlabyrinthe („Turf Maze"). Sie entstehen durch das Ausstechen der Gänge mit dem Spaten. Anschließend werden die Grasnarben mit der Schaufel ausgehoben. Der Weg kann mit feinem Kiesel gefüllt werden. Rasenlabyrinthe bedürfen der Pflege. Die Wegbegrenzung muss regelmäßig geschnitten und die Kanten abgestochen werden, damit die Anlage nicht zuwächst. In seinem Drama „Ein Sommernachtstraum" lässt William Shakespeare die Elfenkönigin Titania klagen:

> „Waldmoder überdeckt das Labyrinth
> Unkenntlich sind die krausen Schlangenpfade
> Im frischen Gründ, die niemand mehr betritt."

In England wurde ursprünglich der erhöhte Rasenrand als Ariadnefaden und Weg zur Mitte benutzt. In der Mitte des Labyrinthes befand sich gelegentlich ein Baum, beispielsweise in Saffron Walden / Essex. Er brannte am 5. November 1823 infolge eines Blitzschlages ab. Der Baum in der Mitte des Labyrinthes symbolisierte den Lebensbaum. Das Rasenlabyrinth in Hilton / Huntingdonshire hat in der Mitte einen 2,70 Meter hohen Pfeiler.

Die englischen Rasenlabyrinthe wurden nach einem beliebten Tanzspiel auch „Platz der neun Morristänzer" („The nine men's morris") genannt. Noch heute werden in vielen Dörfern Englands am 1. Mai die „Moriskentänze" aufgeführt. Sie gehen auf uralte Fruchtbarkeitstänze zurück, in denen der Tod des Winters und die Geburt des Frühjahrs gefeiert werden. Auch der Geweihtanz, bei dem die Tänzer holzgeschnitzte Rentiergeweihe tragen, wird auf den Kranichtanz von Ariadne und Theseus zurückgeführt. Das Kinderspiel „Hinkelspiel" heißt in England ebenfalls „The nine men's morris" oder „Merrils". Ein anderes Labyrinthspiel heißt

Abb. 8: Rasenlabyrinth von Hilton, nach Kern, S. 250, Abb. 296

„Robin Hood's Race" („ Robin-Hood-Lauf"). Bekanntlich überfiel Robin Hood die Reichen und verteilte das Geld unter den Armen. Der Wald von Sherwood diente ihm als Versteck. In Erinnerung an den Freiheitskämpfer spielten Jugendliche Szenen aus seinem Leben im Labyrinth nach. Das Rasenlabyrinth von Saffron Walden/Essex war ein Spielfeld der jungen Männer. Sie veranstalteten hier Wegläufe. Der Gewinner erhielt eine Gallone Starkbier.

An den Küsten Großbritanniens und Schottlands sind Tanz- und Bewegungsspiele in Sandlabyrinthen sehr beliebt. Vor dem Horizont der Unendlichkeit des Ozeans wird der Tanz im Sandlabyrinth zu einer Initiation in das Geheimnis der schöpferischen Kraft. Anette Reynolds berichtet von einer solchen Erfahrung:

„Früh an einem Morgen hatte ich auf einmal das Gefühl, mein Inneres nach außen wenden zu müssen, und ich borgte mir einen Besen vom Hotel und begann ein Labyrinth in den Sand zu zeichnen und zu tanzen."[1]

Wunderkreise

Rasenlabyrinthe gibt es auch in Deutschland. An den Kirchweih-
festen kam die Gemeinde nicht nur zusammen, um Gottesdienst zu
feiern. Es waren Volks- und Tanzfeste. Händler stellten sich ein und
suchten ein gutes Geschäft zu machen, die jungen Männer aus den
Nachbardörfern gingen auf Brautschau. Das Rasenlabyrinth war
der Ort, an dem das Leben gefeiert wurde. Nach dem Gottesdienst
zog die Gemeinde in einer Prozession durch das Labyrinth, nachmittags spielten in ihm die Kinder Fangen und abends diente es den
Jugendlichen als Tanzplatz. Um diese Funktion zu erfüllen, hatten
viele Rasenlabyrinthe einen Eingang und einen Ausgang. In den
klassischen Labyrinthen von Kreta und Chartres waren Eingang
und Ausgang identisch. Als Teil einer echten Volkskultur waren die
Rasenlabyrinthe so angelegt, dass die gesamte Gemeinde und nicht
nur die hohe Geistlichkeit den Innenraum durchschreiten konnte.
Bei der Prozession nach dem Gottesdienst ging der Pfarrer voran,
die Gemeinde folgte ihm. In der Mitte des Rasenlabyrinthes aber
konnte es zu keinem Stau kommen, da von hier aus ein anderer Weg
hinaus führte. Der zweite Eingang ermöglichte auch neue Formen
des Spiels oder des Tanzes. So konnten zwei Kinder durch die beiden Eingänge das Rasenlabyrinth betreten und im Wettspiel aufeinander zulaufen.

In Deutschland haben sich vier echte alte Rasenlabyrinthe erhal-
ten: der „Schwedenring" in Steigra bei Nebra an der Unstrut, der
„Schwedenhieb" in Graitschen, ein Rasenlabyrinth in Kaufbeuren/
Bayern, in dem alljährlich das „Tänzelfest" gefeiert wird, und das
„Rad" im Stadtwald von Hannover, der Eilenriede, ganz in der
Nähe des Zoos. Es lag bis 1928 nahe am Waldrand der Bödeker-
straße und musste aus verkehrstechnischen Gründen weichen.
Weiter im Waldinneren wurde es neu errichtet.

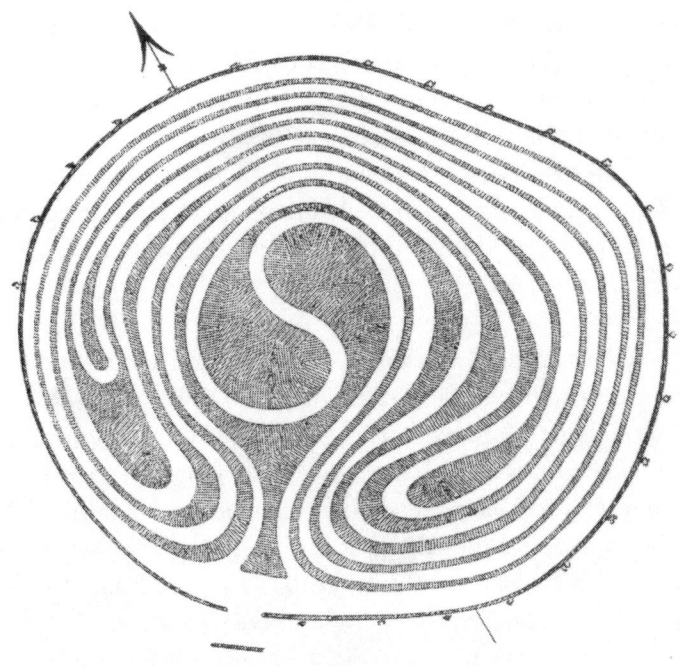

Abb. 9: Das Rad in der Eilenriede im Jahre 1858, nach Hannoversche Geschichtsblätter.
Neue Folge 1938/39, S. 68, Abb. 8.

Anlässlich eines Empfanges im Stuttgarter Schloss zu Ehren seines 90. Geburtstages erinnert sich Ernst Jünger an das alte Rad in
der Eilenriede. Nach zahlreichen Umzügen hatte der Vater Ernst
Georg Jünger eine Wohnung in der Hohenzollernstraße gemietet.
Sein Sohn Ernst war im Jahr 1900 fünf Jahre alt.

„Das Haus lag gegenüber dem Stadtwald, der Eilenriede, in der ich
gleich nach dem Frühstück allein oder mit Kameraden spielte, so in
dem nur wenige Schritte entfernten Labyrinth. Eines Morgens im
Sommer erwachte ich mit dem lebhaften Verlangen, in den Wald zu
gehen. Es war sehr früh: der Bäckerjunge war noch nicht gekommen, nichts regte sich im Haus. Meinem Ausflug stand nichts im

Wege – misslich war nur, dass ich die Schuhe wohl anziehen, aber keine Schleife binden konnte – vermutlich pflegte die Mutter oder das Mädchen es für mich zu tun (...) Langsam wuchs ich also in die geschichtliche Welt hinein. Was wir von ihr erfahren, sickert allmählich und aus der Umgebung in das Bewusstsein ein. So hörte ich, dass das Labyrinth, das ich erwähnte, im Dreißigjährigen Krieg von schwedischen Soldaten, die sich die Zeit vertreiben wollten, angelegt worden sei."[2]

Auch die Namen der Labyrinthe aus Thüringen deuten auf die Entstehungszeit während des Dreißigjährigen Krieges, als die schwedischen Soldaten Gustav Adolfs II. die Idee des Labyrinthes nach Deutschland brachten. Angeregt von den Steinlabyrinthen, den Trojaburgen ihrer skandinavischen Heimat, errichteten sie Rasenlabyrinthe in Deutschland. Über ihre ursprüngliche Funktion gibt der Name „Schwedentanz" Auskunft. Nach dem Ende des Krieges im Jahre 1648 spielten Jugendliche die Kriegsszenen im „Schwedenhieb" nach. Aus heutiger Sicht bekam das Rasenlabyrinth so eine therapeutische Funktion in der spielerischen Bewältigung frühkindlicher traumatischer Erlebnisse. Die Gemeinde hingegen tanzte in dem Labyrinth zu Pfingsten und Erntedank.

Das „Rad" mit seinen zwei Eingängen wird in der Stadtchronik des Jahres 1642 zum ersten Mal anlässlich des Besuches von Herzog Friedrich von Holstein erwähnt. Der protestantische Herzog und Erzbischof von Bremen hatte mit seiner Verlobten, Herzogin Sophia Amalia von Braunschweig und Lüneburg, seinen hannoverschen Schwager besucht. Herzog Christian Ludwig hatte sich für das Brautpaar eine besondere Überraschung ausgedacht. Für zwei Tage zog die Gesellschaft in die Eilenriede, wohnte in Zelten und veranstaltete ein Schießen nach den Bäumen und der Scheibe. Höhepunkt aber war der Brautlauf der Fürstlichkeiten im Labyrinth. Braut und Bräutigam liefen voran, gefolgt vom Gastgeber und einer Kammerjungfer.

In seiner lateinischen Rede zum Lob der Stadt Hannover (1649) hebt der Lehrer der hohen Stadtschule Georg Schrader auch das Rad in der Eilenriede hervor. Dabei erwähnt er die Nutzung des Labyrinthes durch Jugendliche. Jünglinge und ihre „versprochenen" (verlobten) Mädchen folgten dem Brauch der Fürstlichkeiten und vergnügten sich im Labyrinth. Das Mädchen startete den Lauf in der Mitte, ihr Verlobter von einem der Eingänge.

Auch das vorchristliche Frühlingsfest der Befreiung der Sonnenfrau aus dem Rachen des Winterdrachen wurde in den deutschen Rasenlabyrinthen gefeiert und mit der Legende vom Ritter Georg verknüpft. Deshalb sind viele Rasenlabyrinthe in der Nähe von Georgskirchen errichtet worden. Rasenlabyrinthe waren auch der Ort, wo die Handwerkergilden ihre Feste feierten. So tanzten die Schuster in der „Windelbahn" von Stolp/Pommern den „Kiebitzschritt", der mit der Schrittfolge des kretischen Kranichtanzes verwandt ist.

Die deutschen Rasenlabyrinthe wurden auch „Wunderkreise" oder „Wunderburgen" genannt. In ihnen wurden die christlichen Feste Ostern und Pfingsten, das Wunder der Auferstehung und der Ausgießung des Heiligen Geistes gefeiert. Prinzessin Amalie, eine Schwester Friedrichs des Großen, feierte 1758 in dem „Wunderkreis" von Neustadt-Eberswalde die Osternacht, der im Jahre 1609 von dem Schulmeister Christoph Wachtmann auf dem Hausberg errichtet wurde. Am Ostermontag ging er mit seinen Schülern hinaus, um den Kreis hüpfend zu durchschreiten. Dabei durfte die Grenzlinie nicht berührt werden. Wem dies gelang, der erhielt zur Belohnung ein Ei. Wie unsere Ostereier war es ein Symbol der Auferstehung. Am Montag vor Pfingsten wurden die Rasenkanten des Kreises von den Schülern neu abgestochen.

Turnspiele

Mit dem Aufkommen der deutschen Turnbewegung durch Friedrich Ludwig Jahn (1778–1852) und Ernst Wilhelm Bernhard Eiselen (1793–1846), einer Bewegung, die politisch motiviert und paramilitärisch organisiert war, wurden auf den Sportplätzen Rasenlabyrinthe wieder neu errichtet. Der bekannteste „Wunderlauf" lag auf dem Turnplatz Berlin/Hasenheide (1817) inmitten eines Waldstückes am Rande der Anlage. Ab 1811 begann der Berliner Gymnasiallehrer den Sportplatz an der Hasenheide auszubauen. In seinem Werk „Die Deutsche Turnkunst zur Einrichtung der Turnplätze. Lern- und Lehrbuch für den Turn- und Geländesport" (1816) fasste er zusammen, was seiner Ansicht nach neben dem Labyrinth zur Grundausstattung des Sportplatzes gehörte: Rennbahn mit „Schlängelbahn", Weitsprunganlage („Freispringel"), Stabhochsprunganlage („Stabspringel"), Schwebebaum („Schwebebalken"), Pferd („Schwingel"), Reck, Barren, Hangelreck, Klettermast, Speerwurf- („Gerwurf-") Bahn, Kugelstoßen („Schockbahn") und eine „Ziehbahn" für Mannschaftskämpfe im Tauziehen. Der „Wunderkreis" diente jetzt der sportlichen Betätigung der Schüler.

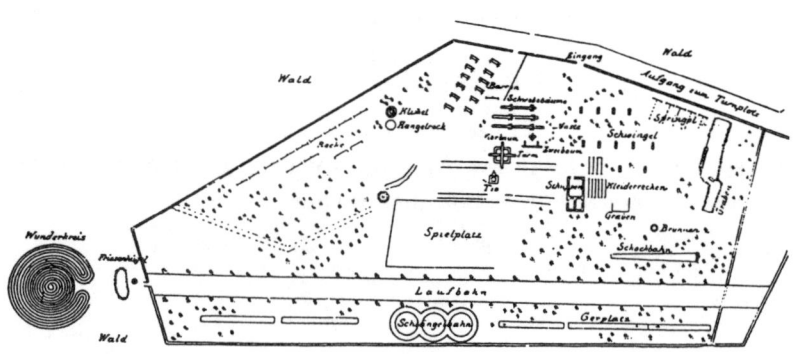

Abb. 10: Turnplatz Berlin Hasenheide, nach Candolini, S. 118

Ziel des Unterrichtes unter freiem Himmel war die Koordinierung der Bewegungsabläufe, wie sie etwa beim Marschieren von zentraler Bedeutung war. Diese motorischen Übungen kamen nicht nur dem späteren Einsatz beim Regiment zugute, sondern erleichterten die Aufstellung der Schüler in Reih und Glied auf dem Schulhof nach Beendigung der Pause. Die Benutzung des Rasenlabyrinthes sah vor, dass zwei Schüler gemeinsam liefen. Jeder betrat es von einem anderen Eingang. Beide hatten aber beim Lauf oder Gang durch das Labyrinth auf ein gleichbleibendes Tempo zu achten.

Henning Eichberg, Professor für Sport an der Sporthochschule von Gerlev/Dänemark, hat diese alte Tradition der Rasenlabyrinthe auf Turnplätzen aufgegriffen und von ihrer militärischen Einbindung befreit. Seit 1970 hat er auf dem Berg Bavnebanke in Gerlev/Seeland, in Tulstrup, Lejre und Rönshoved vier Labyrinthe errichtet. Auch das „Rad" aus dem Stadtwald von Hannover ist inzwischen nachgebaut worden. Das „Evangelische Tagungszentrum Boldern" in Männedorf/Kanton Zürich hat es auf dem Tagungsgelände im Rahmen einer Festwochenveranstaltung als Vorlage gewählt. Die Wege sind mit Kies und Mergel gefüllt. In der Mitte befindet sich eine Feuerstelle.

Tanzfest der Frauen

Spiele und Tänze aber gehören noch immer zum Labyrinth. Vielleicht sind sie sogar viel älter als die Labyrinthbauten und führen weit zurück in die Geschichte der Menschheit in die Zeit der Verehrung der großen Muttergottheiten. Im Frauenstudien- und -bildungszentrum der Evangelischen Kirche in Deutschland feierten Frauen tanzend den Beginn des Jahres 2001. Die Tanzlehrerin Marianne von Schwichow hatte vom 5. bis 7. Januar zu einem Wochenende mit Labyrinthtänzen eingeladen und dabei eine uralte Tradition aufgegriffen. „Unterwegs im Labyrinth des Lebens. Meditatives

Tanzen und Gehen" – so lautete die Suche nach Weisheit und Heilkraft für Leib und Seele. Der Einladung war ein Gedicht von Ulrike
Marks beigegeben:

„Labyrinth
Weg zu mir?
Lebensweg?
Irrweg?
Wohin führst du mich?
Du führst mich irgendwohin –
Unfassbar
Unbegreifbar
Geheimnisvoll
Meine Schritte werden in dir
Zum Gang zu mir selbst
Und aus mir zurück"

Auf dem Tanzfestival der Frauen in Frankfurt a. M. (1./2. Juni 2000)
legte Dagmar von Garnier ein großes kretisches Labyrinth aus ein-
tausend Kieselsteinen. Es symbolisierte die Suche nach einer gemeinsamen weiblichen Geschichte. Die Steine waren mit Namen
berühmter Frauen beschriftet. Zwischen ihnen wand sich der Weg
zur Mitte. Er wurde tanzend beschritten. Den alten griechischen
Labyrinthtanz, den Theseus und Ariadne zum ersten Mal auf der
Insel Delos getanzt haben sollen, erneuerte die Kasseler Musikthe-
rapeutin Brigitte Gerstgrasser in einem Seminar der Evangelischen
Akademie Hofgeismar zum Thema „Labyrinth und Lebensbaum.
Der griechische Kreistanz und der eigene authentische Klang als
Begegnungsgrund mit uns selbst", das im November 2000 statt-
fand.
   Der Tanz gehörte auch zu den therapeutischen Angeboten im
alten Epidauros. Hier befand sich das berühmteste Labyrinth der
Antike mit therapeutischer Funktion. Noch heute existieren Bau-

rechnungen, noch heute können die Überreste der Anlage besucht werden. Vollständig erhalten ist das Theater. Hier finden in den Sommermonaten Juli und August Festspiele statt. Nach Epidauros führt unsere nächste Reise. Wir erreichen es über eine neu ausgebaute Straße vom Istmós von Korinth. Sie führt entlang der Ostküste bis Ligoúrion (58 Kilometer). Viele Heilungen, die in Epidauros geschahen, sind schriftlich festgehalten worden. Sie geben einen genauen Einblick in die Krankheitsgeschichte der Menschen und den Heilungsprozess.

DAS LABYRINTH VON EPIDAUROS: EIN WEG DER HEILUNG

> „Die Stätte,
> an der man übernatürliche Stimmen hört."
>
> (Spruch über dem Labyrinth)

Die Reise ins Labyrinth ersetzt weder den Arzt noch die Behandlung mit Medikamenten. Aber sie ergänzt ihren Dienst. Patienten, die es vor oder nach einer Operation durchschreiten, spüren eine Stärkung der Seele oder eine Aussöhnung mit ihrem Schicksal. Heilung ist ein ganzheitliches Geschehen. Sie setzt Vertrauen in den Arzt oder den Psychologen voraus. Ebenso wichtig ist jedoch das Vertrauen in die eigene Seele. Ein Wiedergewinn der Selbstheilungskräfte kann sich während der Reise in das Labyrinth ereignen. Deshalb wurden im alten Griechenland dem Labyrinth auch therapeutische Kräfte zugeschrieben.

Epidauros war ein kleiner Stadtstaat auf einer Halbinsel im Saronischen Golf. Durch seine Heilkuren wurde es in der ganzen alten Welt berühmt. Hier wurde der Gott Asklepios (Äskulap) verehrt. Er gilt noch heute als Schutzpatron der Ärzte und Apotheker. Sein Symbol ist der Äskulapstab, um den sich eine Schlange windet. Das Symbol „Schlange" ist vieldeutig. Sie ist das mütterliche Tier der Weisheit, in ihr liegt die Kraft der Wandlung und Erneuerung des Lebens. Wie alles wirklich Heilige hat auch die Schlange ambivalente Eigenschaften, denn ihr Gift kann heilen, aber auch töten.

Deshalb kommt es darauf an, das rechte Maß und die Mischung der Kräfte zu kennen. Die Menschen, die nach Epidauros pilgerten, suchten diese Kraft der Harmonie. Am Heiligtum des Asklepios, dem Asklepion, wurde eine ganzheitliche Medizin betrieben.

Die meisten Besucher hatten eine lange Odyssee von Arzt zu Arzt hinter sich. Sie waren von „Schulmedizinern" auf traditionelle Weise behandelt worden, hatten sich Operationen unterzogen, nahmen die verordneten Medikamente und fanden doch nicht die gewünschte Heilung. Der Kurbetrieb von Epidauros bot einen ganzheitlichen Zugang zur Krankheit. Wer hierher kam, war überzeugt, dass Heilung ein psychosomatischer Vorgang war. Die körperliche Krankheit stand in Zusammenhang mit seelischen Leiden. Wer wirklich gesund werden wollte, der musste folglich auch etwas für seine Seele tun.

Das Labyrinth von Epidauros befand sich in einem Rundbau (die Tholos). Es durfte erst am Ende eines langen Initiationsprozesses von sieben Stufen betreten werden. Die Tholos war im 4. Jahrhundert vor Christus errichtet worden. Der Besucher betrat den Tempel durch die dorische Außenhalle, schritt anschließend durch eine Tür der Cellawand und betrat den Innenraum, der von korinthischen Säulen getragen wurde. In diesem Innenraum, dessen Durchmesser etwa sieben Meter betrug, befand sich das unterirdische, in den Boden eingelassene Labyrinth.

Das Labyrinth bestand aus drei unterirdischen Gängen und einer Mitte, deren Durchmesser 1,11 Meter betrug. Die Zahl der drei Gänge fand im Durchmesser der Mitte ihre Entsprechung. Denn die Quersumme von 1,11 Meter ist die Zahl drei. Die Gänge waren 1,91 Meter hoch und etwa 65 Zentimeter breit, so dass nur eine Person sie allein durchschreiten konnte. In ihnen herrschte vollständige Dunkelheit.

Die Besonderheit dieses Labyrinthes bestand darin, dass es nur durch die Mitte (A) betreten werden konnte. Im Innenraum des

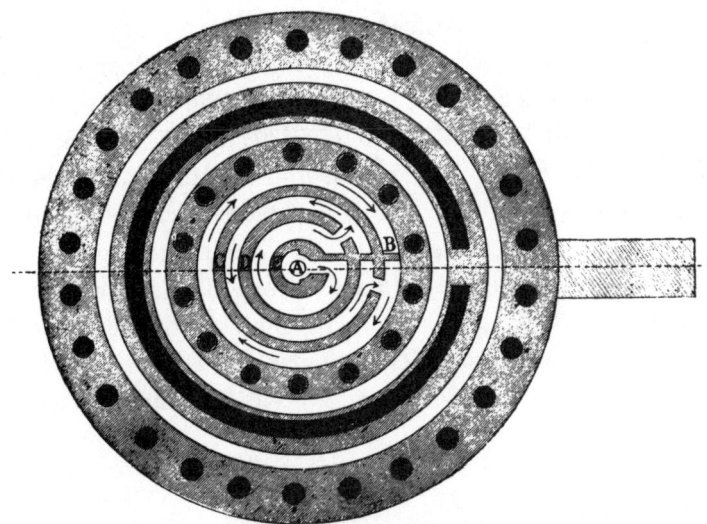

Abb. 11: Das Labyrinth von Epidauros, nach Kern, S. 83, Abb. 73

Rundtempels befand sich eine Bodenöffnung, die mit einer Luke verschlossen war. Wenn man sie öffnete, lag darunter die Mitte des Labyrinthes. Wer das Labyrinth durchschreiten wollte, musste den Sprung in die Tiefe wagen. Ein Vorgang von hoher symbolischer Bedeutung! Dann wurde die Luke geschlossen, und in völliger Dunkelheit tastete sich der Besucher durch die drei Gänge, bis er am toten Punkt (B) anlangte. Hier musste er umkehren und zur Mitte zurückgehen. Aus der Mitte stieg er wieder in den Innenraum des Tempels.

Die spirituelle Bedeutung dieses Labyrinthes erschließt sich nur, wenn man die gesamte Anlage in den Blick nimmt. Das unterirdische Drei-Gänge-Labyrinth bildete den Abschluss eines Einweihungsweges in sieben Stufen. Die gesamte Anlage war als Teil des Labyrinthes zu verstehen. Wer sie durchschritten hatte, durfte den Rundtempel betreten, war also in der Mitte des Labyrinthes angekommen. Der Weg ging von außen nach innen, vom Oberirdischen ins Unterirdische, vom Sichtbaren ins Unsichtbare, vom Tag in die Nacht.

Epidauros diente der Bequemlichkeit und Unterhaltung der Patienten und einer ganzheitlichen Therapie von Körper, Geist und Seele. Viele verbrachten hier Wochen, manche sogar Monate. Es gab eine Bibliothek, ein Museum, ein Theater, ein Odeon, in dem musiziert und getanzt wurde, eine Gymnastikhalle, ein Stadion für sportliche Wettkämpfe, eine Ringerschule sowie große römische und griechische Bäderabteilungen. Das breite Angebot zielte auf eine Förderung des Geistes und des Körpers. Der Heilungsprozess war eingebettet in eine entspannte Atmosphäre voll kultureller Anregungen und körperlicher Betätigungen. Der Prozess der Heilung glich einer Initiation, an deren letzter Stelle das Labyrinth den Höhepunkt bildete.

Erste Stufe: Nimm dir Zeit!

Die Lebenszeit ist ein Geschenk. Wir können die geschenkte Zeit „totschlagen", den „rechten Zeitpunkt" verkennen oder erkennen und „die Zeit nutzen". Die Zeit kann scheinbar unendlich dahinfließen wie ein Fluss ohne Ufer. Zeit aber muss man sich nehmen, damit die göttlichen Kräfte ihre Wirkung entfalten können. Menschen, die in Epidauros Heilung suchten, hatten Urlaub vom Alltagsleben genommen. Sie waren Aussteiger auf Zeit. Sie hatten den Strom der zerrinnenden Zeit des Alltags unterbrochen. Sie waren ausgestiegen aus Termindruck und Geschäftigkeit, aus Zeitnot und Stress. Nun hatten sie Zeit für sich selbst, Zeit, etwas für Geist, Körper und Seele zu tun, Zeit, verborgene Talente zu entdecken, Zeit, nicht nur Symptome zu kurieren, sondern die Ursache ihrer Leiden oder ihres Unwohlseins zu finden.

Der Seele wurde auf verschiedene Weise neue Nahrung zugeführt. Die Bibliothek bot die Möglichkeit, in Ruhe Bücher zu lesen, auf dem Theater wurden die großen Stoffe der Dramatiker aufgeführt. Ihr Thema waren die großen Konflikte, die gewaltigen Leidenschaften, die ewigen Gesetze des Lebens. Was auf der Bühne gespielt wurde, konnte Spiegel der eigenen Situation und Anstoß zur Selbsterkenntnis werden. Das Theater regte nicht nur zum Nachdenken an. Es erweckte Gefühle, erzeugte Betroffenheit, Mitleid, Zorn oder Empörung. Damit öffnete es in vielen Menschen die Seele und mit ihr die im Alltag verdrängte Welt der Empfindsamkeit.

Andere Patienten wiederum entdeckten in Epidauros die verdrängte Welt der Sinne. Gymnastik und Tanz boten neue Formen der Körpererfahrung. Das Ringen in der Ringerschule (Palästra) war nicht nur Symbol für den inneren Prozess der Heilung, es bot für Menschen mit Berührungsängsten die Möglichkeit sinnlicher Selbsterfahrung.

Des Menschen Engel ist die Zeit. Die Zeit heilt Wunden. Kleine Hautabschürfungen des Kindes, große Verletzungen der Seele. Aber nicht alle Wunden, die das Leben schlug, heilt die Zeit. Manche offene Wunde, manche Narbe, manche Schuld bleibt. Heilung kann das Krumme nicht immer gerade machen. Doch wer neben dem Krummen das Gerade in seinem Leben sieht, dem fließen Heilkräfte zu. Denn alles hat seine Zeit und seine Stunde. Wer sich Zeit nimmt und den Alltag unterbricht, gewinnt einen neuen Blick. Er sieht seine Lebenszeit aus der Distanz, gewinnt einen Überblick und Einblicke in die Rhythmen des Lebens, erkennt die Grundmuster, die es gestalten.

Zur gleichen Zeit, als in Epidauros die Tholos mit dem unterirdischen Labyrinth gebaut wurde, formulierte ein jüdischer Weisheitslehrer seine tiefe Einsicht in die Rhythmen des Lebens. Seine Worte haben therapeutische Funktion. Sie stiften Einklang mit dem Schicksal und beruhigen durch ihr Gleichmaß die Seele.

Wer ein Labyrinth durchschreitet – sei es allein oder in einer Gruppe – kann dabei die Verse rezitieren. Bei allen Übungen der Achtsamkeit kommt es auf die rechte Ordnung an. Nur bewusstes Gehen und Sprechen setzt die heilenden Kräfte der Seele frei. Deshalb ist eine Atempause nach jedem Vers wichtig. Sie kann durch ein kurzes Innehalten in der Schrittfolge verstärkt werden. In diesem Innehalten wird das Gleichgewicht der Kräfte erfahrbar. Der Atem geht ruhiger, der Geist wird klarer, tiefere Schichten des Labyrinthes beginnen sich zu erschließen.

„Alles hat seine bestimmte Stunde,
jedes Ding unter dem Himmel hat seine Zeit.
Geboren werden hat seine Zeit,
und Sterben hat seine Zeit.
Pflanzen hat seine Zeit,
und Ausreißen hat seine Zeit.
Töten hat seine Zeit,
und Heilen hat seine Zeit.
Einreißen hat seine Zeit,
und Bauen hat seine Zeit.
Weinen hat seine Zeit,
und Lachen hat seine Zeit.
Klagen hat seine Zeit,
und Tanzen hat seine Zeit.
Steine wegwerfen hat seine Zeit,
und Steine sammeln hat seine Zeit.
Umarmen hat seine Zeit,
und Sichmeiden hat seine Zeit.
Suchen hat seine Zeit,
und Verlieren hat seine Zeit.
Behalten hat seine Zeit,
und Wegwerfen hat seine Zeit.
Zerreißen hat seine Zeit,
und Nähen hat seine Zeit.
Schweigen hat seine Zeit,
und Reden hat seine Zeit.

Lieben hat seine Zeit,
und Hassen hat seine Zeit.
Der Krieg hat seine Zeit,
und der Friede hat seine Zeit."[3]

Zweite Stufe: Ernähre dich bewusst!

Die Bäder dienten der Entschlackung und Reinigung des Körpers.
Ein genauer Ernährungsplan wurde auf jeden Patienten individuell
abgestimmt. Für Trinkkuren stand eine Heilquelle zur Verfügung.
Vielen Patienten bedeutete der mehrwöchige Aufenthalt eine radi-
kale Umstellung der täglichen Gewohnheiten.

Ausführlich dokumentiert ist die Heilung des Marcus Iulius
Apellas aus Idrias, einem Vorort von Mylasa. Der viel gelesene
Schriftsteller berichtet in einer Inschrift, der so genannten Apellas-
Inschrift aus dem 2. Jahrhundert nach Christus, von den Folgen der
Umstellung seiner Ernährung. Während er zu Hause dem schwe-
ren griechischen Rotwein reichlich zusprach, trank er in Epidauros
nur noch Milch mit Honig. Der Genießer von scharf gewürztem
Fleisch wurde auf vegetarische Kost gesetzt, aß ausschließlich Brot
mit Käse, etwas Sellerie und Salat. Wie viele künstlerisch begabte
Naturen litt er unter nervösen Magenbeschwerden, die infolge der
Diät bald verschwanden. Dann traten Spannungen im Hals-, Na-
sen-, Ohrenbereich und im Kopf auf. Seine Kopfschmerzen wurden durch orale Einnahme einer Mischung aus Anis und Olivenöl,
die Schwellung im Gaumenbereich und der Tonsillen durch Gur-
geln mit Heilwasser erfolgreich behandelt. Seinen Körper ließ er
mit einer heilenden Packung aus Salz und Senf einreiben.

Seele (Psyche) und Leib (Soma) bilden eine Einheit. So ist der
Gang durch das Labyrinth ein psychosomatischer Vorgang. Die
Achtsamkeit für den Leib und seine Bedürfnisse bildet die zweite
Stufe im Labyrinth. Durch die Sinne atmet der Leib. Bewusstes

Schmecken, bewusstes Sehen, bewusstes Riechen, bewusstes Tasten, bewusstes Hören sind die fünf Pforten der Wahrnehmung. Sie steigern die Empfindsamkeit und Empfänglichkeit für die Botschaft, die aus der Mitte des Labyrinthes erklingt und in unserem Leben Gestalt werden will.

Als Wegbegleiter für die zweite Stufe des Labyrinthes eignet sich der bekannte Spruch: „Mens sana in corpore sano est". Frei übersetzt lautet er:

Gesundheit ist
Harmonie von Geist und Körper

Dritte Stufe: Erkenne die kosmische Ordnung!

Auf der dritten Stufe der Einweihung in das Geheimnis des Labyrinthes steht die Verbindung mit den Schicksalsmächten. Doch bevor sich der Blick auf den Kosmos richtet, erwecken Musik, Tanz und Dichtung in den Patienten die Suche nach dem Schönen, Wahren und Guten. In kreativer Gestaltung konnte er umgesetzt werden. Wie die Seele durch Kunst, so wurde der Körper durch Sport und gesunde Ernährung gereinigt. Der religiöse Kult kam als drittes Element der Heilung hinzu. Ohne Beachtung der ewigen Gesetze, so lautete der Grundsatz des Labyrinthes von Epidauros, könne es keine Heilung geben.

Dem ganzheitlichen Aspekt der Heilung entsprachen Kultstätten für männliche und weibliche Gottheiten. In Epidauros wurden die männlichen Götter Asklepios und Apollon sowie die Muttergottheiten Themis und Artemis verehrt. Der Sonnengott Apollo war der Vater des Asklepios. Theseus hatte, bevor er zur Reise ins Labyrinth von Kreta aufbrach, dessen Heiligtum in Delphi besucht. In Epidauros hatten ägyptische Pilger beiden Göttern am Rande der Anlage einen Tempel geweiht.

Im inneren Bezirk befand sich der Tempel der Themis. Als uralte Muttergottheit verkörperte sie die Grundordnung des Lebens, das unumstößliche Recht, ohne dessen Beachtung kein Mensch auf Dauer mit sich und der Welt in Harmonie leben kann. Wer in Epidauros gelernt hatte, mit der eigenen Lebenszeit achtsam umzugehen (Stufe 1) und eine neue Sensibilität für Körper, Geist und Seele (Stufe 2) entwickelt hatte, war reif, die nächste Stufe der Einweihung in die Geheimnisse des Labyrinthes zu betreten. Hier ereignete sich die Verbindung mit dem mütterlichen Urgrund der Welt.

Jede Stufe eines Labyrinthes gibt Antwort auf bestimmte Fragen des Lebens. Beim Besuch der Tempel von Epidauros konnte der Patient Einsichten in die kosmische Ordnung gewinnen, in die sein eigener Lebenslauf eingebettet war. In der Sprache der griechischen Spiritualität wurden die sechs Grundprinzipien des Lebens auch bildhaft als Töchter der Themis bezeichnet. Die sprechenden Namen der ersten drei Töchter, der Horen, lauteten:

Ordnung (Eunomia),
Recht (Dike) und
Frieden (Eirene).

Unter „guter Ordnung" sind lebensfördernde Strukturen gemeint. Zu ihnen gehören auch die Verlässlichkeit der Beziehungen und die Rechtssicherheit. Sie bilden einen Weg des Friedens, der Freiheit und Selbstbestimmung. Gute Ordnung, Recht und Frieden sind den Selbstheilungskräften zugeordnet, den ersten beiden Stufen des Einweihungsweges von Epidauros. Hier lernte der Patient, wie er durch bewusste Ernährung, Körperpflege und musische Anregungen zur Gesundung von Seele und Leib aktiv beitragen kann.

Zur anderen Seite des Lebens gehört das Unverfügbare, das wir passiv erdulden müssen, das Schicksal, das über jedem Leben waltet. Wer einen Zustand innerer Harmonie erreichen will, muss auf seiner Reise ins Labyrinth auch lernen, diese Dimension des Lebens zu erkennen und anzunehmen. Das Schicksal ist wie eine unsichtbare Lebenslinie. Durch sie ist jedes Leben mit der Urmutter verbunden. Diese Lebenslinie wird auch durch den Ariadnefaden symbolisiert. Die Schicksalskräfte oder Moiren (Parzen) werden durch die letzten drei Töchter der Themis verkörpert. Ihre sprechenden Namen lauten:

die Spinnerin (Klotho),
der Auftrag (Lachesis) und
das Unabwendbare (Atropos).

Die drei Göttinnen verkörpern die Schicksalskräfte im Leben. Ihnen sind Geburt (Klotho), Lebensauftrag (Lachesis) und Lebenszeit (Atropos) zugeordnet. Ihr Werk ist der Aridanefaden unseres Lebens. Klotho spinnt den Lebensfaden, Lachesis bestimmt seine Stärke, Farbe und seinen Verwendungszweck, Atropos schneidet ihn ab.

Die Muttergöttin Artemis war Herrin über die Tierwelt, Geburtshelferin, Mond- und Todesgöttin. In Ephesus wurde ihr ein Tempel errichtet, der neben den ägyptischen Pyramiden, den hängenden Gärten von Babylon, der Statue des Zeus von Olympia, dem Mausoleum von Halikarnassos, dem Koloss von Rhodos und dem Leuchtturm von Alexandria als eines der sieben Weltwunder der Antike galt. Hier wurde sie als Fruchtbarkeitsgöttin und Herrin des Lebens verehrt. Ihr Standbild war aus einem schwarzen Meteor gemeißelt worden. Ihr Brustschmuck bestand aus Dutzenden von Stierhoden. Sie galten als Symbol ihrer Fruchtbarkeit und als Zeichen der Herrschaft über das männliche Prinzip. Im Artemis-Tempel von Orthia (Sparta) gab es einen Initiationsritus, bei dem die Knaben bis aufs Blut gepeitscht wurden. Das hatte mit Sadismus nichts zu tun, sondern sollte dem jungen aufblühenden Leben eine Tiefendimension geben. Unter Schmerzen hatte sie die Mutter geboren. So sollten auch sie lernen, unter Schmerzen an der Liebe festzuhalten. Denn die Rose sitzt nah' dem Dorn.

Auf der dritten Stufe des Labyrinthes von Epidauros wird der Mensch mit seiner Freiheit und seiner Bestimmung versöhnt. Niemand wurde gefragt, ob er ins Leben gerufen werden will. Niemand durfte seinen Charakter, seine Lebensmelodie wählen. Niemand kann den Zeitpunkt seines natürlichen Todes selbst bestimmen. So ist jeder Mensch frei und gebunden zugleich. Auf der dritten Stufe will uns die Reise ins Labyrinth jene paradoxe Freiheit bewusst machen und uns mit ihr versöhnen. Als Begleitworte für die dritte Stufe eignen sich die Verse des Dichters Haidar 'Ali Atisch (gestorben 1847):

„Hast in den Garten dieser Welt
du deinen Fuß gesetzt,
Dann sitze, wie's die Rose tut,
auch lächelnd nah' dem Dorn!"[4]

Vierte Stufe: Glaube an deine Heilung!

Je höher der Pilger ins Gebirge steigt, desto dünner wird die Luft. Doch rückt auch der Himmel näher. Warum jetzt umkehren? Ist es die Sorge, die Kräfte könnten nicht ausreichen? Das Gefühl, du habest dich übernommen? Die Angst vor der Begegnung mit deinem Spiegelbild? Wer tiefer ins innerste Geheimnis des Labyrinthes vordringt, braucht Mut, Vertrauen und den Glauben an sich selbst. Alles bleibt reine Theorie, wenn man die Botschaft wohl vernimmt, doch der Glaube fehlt. Allein aus der Hingabe strömen der Seele Heilungskräfte zu.

Mache es dir nicht leicht! Bleibe dir treu! Ohne Vertrauen kann niemand heilen oder geheilt werden. Eine Hilfe auf diesem Weg sind Gespräche mit Menschen, die den Sprung gewagt haben, die

einen oder mehrere Schritte weiter sind. Im Heiligtum des Asklepios gab es eine weitere Orientierungshilfe. Es war üblich, dass
Menschen, nachdem sie im Labyrinth Heilung erfahren hatten,
ihren Weg aus der Krankheit aufschrieben. Diese Berichte wurden
auf Votivtafeln notiert und um das Labyrinth herum aufgehängt.
Sie erzeugten eine Atmosphäre des Vertrauens auf die heilenden
Kräfte des Ortes.

Als Weggeleit auf der vierten Stufe können uns Worte des indischen Dichters Mirza Asadullah Ghalib (1797–1869) begleiten:

„Vertrau dich dem Entwerden, wenn du
dein Wesen finden willst:
Des Glückssterns Leuchten für den Strohhalm
kommt von des Ofens Glut."[5]

Fünfte Stufe: Achte auf deine Träume!

Nur wer die ersten vier Stufen der Läuterung durchschritten hatte,
durfte das Abaton (Enkoimeterion) betreten, einen doppelstöcki-
gen Bau, etwa 70 Meter lang und zehn Meter breit. In seiner nord-
östlichen Ecke befand sich der heilige Brunnen. Neben der medi-
zinischen Funktion hatte das Heilwasser auch eine symbolische
Bedeutung. Es kam aus dem Schoß der Mutter Erde und verwies
auf die Mitte des Labyrinthes. Das Abaton lag direkt zwischen dem
Tempel des Asklepios und dem Labyrinth und diente dem Tempel-
schlaf (Inkubation, Enkoimesis). Die Statue aus Gold und Elfenbein im Asklepiontempel zeigte den Gott der Heilung. Sein Haupt
bettete er auf eine Schlange. Die Pforten der inneren Welt öffneten
sich jetzt, das Reich der Träume stand offen.

Durch den Schlaf und die Träume fließen dem Menschen weitere Heilungskräfte zu. Sie öffnen Pfade in verborgene Welten. Einer
führt ins persönliche Unbewusste, ein anderer ins kollektive Un-

bewusste. Der erste schenkt die Berührung mit dem persönlichen Schicksal, der zweite mit dem Erbe der Menschheit. Deshalb hieß dieser Ort auch die „Stätte, an der man übernatürliche Stimmen hört". Im Heilschlaf „hörte" der Pilger die Stimme des göttlichen Heilers. Sie setzte die Stimme des Unbewussten und die Kraft der Intuition frei. Durch sie erhielt der Patient Hinweise für den weiteren Heilungsprozess, der in gemeinsamer Arbeit mit Priestern und Ärzten fortgesetzt wurde. In Epidauros ergänzten sich Spiritualität und Schulmedizin zum Wohl des Menschen. So konnten sich die Tag- und Nachtseite des Lebens verschränken. Zur Meditation beim Gang durch das Labyrinth auf der fünften Stufe bieten sich die Verse des afghanischen Dichters Haidar Kalicha (gestorben 1569) an:

„Hab' die ganze Nacht geträumt,
dass am Tag du zu mir kämst,
Und den ganzen Tag gehofft,
dass du nachts im Traum erschienst!"[6]

Sechste Stufe: Lass dich fallen!

Erst am Ende des Initiationsweges durfte der Pilger die Tholos mit dem unterirdischen Labyrinth betreten. Hier war er allein. Er öffnete die Bodenluke im Innenraum des Tempels und glitt hinab ins Labyrinth. Die Symbolik war eindeutig. Nach dem langen, manchmal sogar neun Monate dauernden Aufenthalt war er ans Ziel gekommen. Er hatte die heilenden Kräfte entdeckt, war zu der Quelle des Lebens zurückgekehrt und glitt nun als Höhepunkt der Therapie in den Uterus, den Schoß der Themis, um neu geboren ins Leben zu treten. Der Intitiationsritus von Epidauros zeichnet den Geburtsweg in umgekehrter Reihenfolge nach. Im Dunkel des Labyrinthes wurde der Pilger neu geboren. Hier erfuhr er jenes

„Stirb und werde!", das Goethe in seinem mystischen Werk *West-Östlicher Divan* formulierte:

„Selige Sehnsucht

Sagt es niemand, nur den Weisen,
Weil die Menge gleich verhöhnet,
Das Lebendge will ich preisen,
Das nach Flammentod sich sehnet.

In der Liebesnächte Kühlung,
Die dich zeugte, wo du zeugtest,
Überfällt dich fremde Fühlung,
Wenn die stille Kerze leuchtet.

Nicht mehr bleibest du umfangen
In der Finsternis Beschattung,
Und dich reißet neu Verlangen
Auf zu höherer Begattung.

Keine Ferne macht dich schwierig,
Kommst geflogen und gebannt,
Und zuletzt, des Lichts begierig,
Bist du, Schmetterling, verbrannt.

Und solang du das nicht hast,
Dieses: Stirb und werde!
Bist du nur ein trüber Gast
Auf der dunklen Erde."[7]

Der Schmetterling ist ein Bild für die unsterbliche Seele. Auf der sechsten Stufe der Einweihung erfährt sie eine Verwandlung und Steigerung. Ihr Leben wird intensiver. Das Alte stirbt, Neues wird geboren. Der Flug des Schmetterlings in die Flamme ist der Anfang eines neuen Lebens. Der Sprung des Pilgers in die Mitte des Labyrinthes sein Tod und seine Geburt. Wie kann das sein? Das Labyrinth stellt uns vor ein Paradox, einen Widerspruch, den die Vernunft nicht auflösen kann. Sie ist blind für den Wandlungsprozess, der sich in der Mitte des Labyrinthes vollzieht. Sie kann die Energie der Mitte nicht wissenschaftlich nachweisen. Deshalb neigt sie zum Spott. Die Botschaft der Mitte erschließt sich nicht dem Wissen, sondern nur der Weisheit. Auf der sechsten Stufe der Einweihung kann sie im Schreiten zitiert werden.

Die Mitte spricht:
Lass dich fallen, und du wirst gehalten!
Verschenke deinen Besitz, und alles wird dir gehören!
Geh über Schlangen, und du wirst dich sicher fühlen!
Träume, und du wirst wach sein!
Glaube, und du wirst wissen!
Stirb und werde!

Erst nach der Einweihung in die tiefen mütterlichen Geheimnisse von Geburt und Tod wurde Asklepios zum Heiler. Das aus Gold und Elfenbein gearbeitete Kultbild von Epidauros zeigt ihn auf einem Thron sitzend. In der einen Hand hält er einen Stab. Dieser ist Zeichen der Herrschaft, des weltlichen Wissens, der irdischen Macht und des Bewusstseins. Das Haupt des Gottes aber ruht auf dem Kopf einer Schlange. Diese symbolisiert die Kraft der Erde, die Weisheit der Mütter, die Macht der Wandlung und das Unbewusste.

Asklepios war ein Sohn des Sonnengottes Apollo und der schönen Königstochter Koronis. Seine Geburt beginnt mit einer Traumatisierung. Denn noch während der Schwangerschaft verliebt sich seine Mutter in einen anderen Mann. Aus Eifersucht tötet Apollo den Nebenbuhler und lässt die schwangere Geliebte umbringen.

Der Holzstoß für die Feuerbestattung war bereits entzündet, da tauchte Apollo in letzter Minute auf, um das Kind aus dem Leib der toten Mutter und vor den Flammen zu retten. Asklepios wird von dem berühmtesten Pädagogen seiner Zeit, dem Kentauren Chiron, erzogen. Bald übertrumpfte er seinen Lehrer in der Heilkunst. Seine Seele hatte dem Tod ins Auge geschaut, sie war aus dem Tod ins Leben getreten. Der Schmetterling hatte die tödlichen Flammen überwunden.

Als Arzt stellte sich Asklepios auf die Seite des Lebens, er setzte die Kraft der Liebe gegen die Macht des Todes. Das erweckte den Hass der Götter. Hades (Pluto), der Gott der Unterwelt, beschwerte sich bei Zeus. Der schleuderte einen Donnerkeil gegen Asklepios. Doch wieder war der Tod nur eine Wandlung zu einer höheren Seinsstufe: Der Heiler wurde unsterblich.

Siebte Stufe: Setze ein Zeichen!

Wer einen Berg bestiegen hat, setzt ein Zeichen seiner Anwesenheit. Findet er einen Steinhaufen, so legt er einen weiteren Stein darauf. Vielleicht ritzt er seinen Namen in die Felswand, schreibt vor dem Abstieg ein Grußwort ins Gästebuch der Herberge. Welchen Sinn haben diese Bräuche? Das Zeichen setzt eine Wegmarke auf der Reise ins Labyrinth. Es bezeugt:

Ich war in der Mitte.
Ich habe eine Erfahrung gemacht.
Ich teile diese Erfahrung mit denen,
die vor mir die Mitte erlebt haben.
Wir kennen uns nicht und
bilden doch eine unsichtbare Gemeinschaft.

Das Zeichen dient dem Wanderer und zugleich jenen Unbekannten, die ihm nachfolgen werden. Das Leben gründet auf einer Balance der Kräfte. Nehmen und Geben, Empfangen und Danken, Willkommen und Abschied. Wer die Mitte des Labyrinthes erreicht hat, verlässt den Ort nicht, ohne ein Zeichen gesetzt zu haben. Dafür gab es in Epidauros zwei Möglichkeiten. Aus Terrakotta konnte der Pilger ein Symbol formen. Ein Augenpaar etwa, als Dank für die Öffnung der inneren Augen, mit deren Hilfe sich die spirituelle Welt neu erschließt. Hände als Dank für neue Sensibilität oder Füße als Symbol wiedergewonnener Standfestigkeit. Eine andere Methode war die Schreibarbeit. Hierbei wurde ein kurzer schriftlicher Bericht über die einzelnen Stufen der Heilung gegeben. Diese Votivtafeln und die Symbole aus Terrakotta wurden im Heiligtum aufgehängt. Sie gehörten zur Aura des Ortes. Der spirituelle Sinn der Votivtafel wird durch das Wort selbst angedeutet. Ihr Ursprung ist das Herz, ein innerer Entschluss, ein Versprechen oder Gelübde (ex votum = durch ein Versprechen).

Das Zeichen bezeugt den Weg:

Ich bin aufgebrochen.
Ich bin den Weg gegangen.
Ich habe die Mitte erreicht.

Das Zeichen stiftet eine mystische Gemeinschaft:

Du gehst nicht allein.
Ich teile deine Erfahrungen mit dir.
Wir leben im Geheimnis.

Damit wird eine Erinnerung gestiftet, ein Zeichen des Dankes und eine Ermutigung, eine Botschaft der Hoffnung für nachfolgende Pilger. Votivtafeln sind Geburtsanzeigen. Sie bezeugen den Wandlungsprozess und sind sichtbarer Ausdruck von etwas Unsichtbarem. Sie stiften Mut: Der Weg lohnt sich! Das Leben ist wunderbar im Ganzen! Sie sagen aber auch: Halte fest an dem, was du auf deinem Weg durchs Labyrinth erfahren hast! Wandle es in ein inneres Bild, eine Votivtafel des Herzens. Wenn die Tage der Ernüchterung kommen, dann falle nicht zurück in dein altes Leben. Schau auf die Votivtafel deines Herzens. Du hast nicht geträumt. Was du erfahren hast, war keine Illusion. Für einen Augenblick warst du in der Mitte. Halte dich daran fest, und trage das Licht der Mitte ins Leben.

Die Welt des Geistes überdauert die politischen Systeme, Baustile und Moden, wenn sie auf echter Erfahrung gründet. So überlebte auch das Labyrinth von Epidauros als spiritueller Weg zur Mitte den Untergang des griechischen und später des römischen Weltreiches. Vom Bauwerk sind nur noch Ruinen zu sehen. Aber der Geist des Labyrinthes wurde wie der Gott Asklepios unsterblich. Der Mystiker Husain ibn Mansur Al-Halladsch (858–922) hat sein Erlebnis der Mitte auf eine Votivtafel des Herzens geschrieben:

„In meinem Herzen kreisen
alle Gedanken um dich (…)
Du bist mein Herz, mein Gewissen,
bist mein Gedanke, mein Geist,
Du bist der Rhythmus des Atmens,
Du bist der Herzknoten mir."[8]

ZWEITER WENDEPUNKT:
DIE SCHATTENSEITE

„Minotauros: (…),
ein schuldig Unschuldiger;
und darum ist das Labyrinth
mehr als ein Gefängnis –
es ist eine Unbegreiflichkeit."

(Friedrich Dürrenmatt,
Dramaturgie des Labyrinthes)

Das Labyrinth von Epidauros zeigt einen Weg der Heilung. Wie gern würden wir beschwingt zum nächsten Labyrinth weiterreisen. Ägypten lockt! Kreta liegt bereits weit hinter uns. Aber von der Insel des Königs Minos hallt uns eine dunkle Stimme nach. Sie gehört dem Opfer, das keine Heilung erfuhr. Der Minotauros galt als nicht therapierbar. Hätte er in Epidauros geheilt werden können? Auf Workshops und Akademietagungen, in Selbsterfahrungsgruppen und Gemeinden wird durch das Labyrinth getanzt und der Sieg des Theseus über den Minotauros gefeiert. Doch hätte das Problem nicht auch ohne Gewalt gelöst werden können? Muss Böses stets mit Bösem vergolten werden? Warum unternahm Theseus keinen Versuch, mit dem Minotauros zu verhandeln? Warum ging er nicht auf ihn zu und suchte das Gespräch? Warum tanzte er mit ihm keinen Versöhnungstanz?

Der Minotauros wurde über Jahrhunderte als Urbild des Bösen verteufelt wie sein christliches Gegenstück, der Satan. Er galt als nicht resozialisierbar und hätte seine gesamte Lebenszeit im Irrgarten absitzen müssen. Der Weg der Heilung in Epidauros und Delphi stand jemandem wie ihm nicht offen. Das Labyrinth aber will, dass wir immer wieder neu die Blickrichtung wechseln, umdenken und uns in andere Menschen hineindenken. Können wir dies im Fall des Minotauros, oder gibt es hier eine Grenze? Vielleicht so: Wie Theseus und Ikarus, so ist auch der Minotauros ein Sohn. Er ist das ungewollte Kind. Er hat immer wieder gehört, er sei hässlich von Gestalt, seine Sitten seien ungehobelt, man könne sich mit ihm nicht sehen lassen. Er fühlt sich gefangen, ausgesperrt. So hat er sich in seine eigene Welt zurückgezogen. Er denkt viel über sein Schicksal nach. Fühlt sich schuldig. Doch manchmal steigt in ihm die Wut hoch. Dann spürt er seine ungeheure Kraft, ballt die Fäuste und möchte aus seinem Gefängnis ausbrechen. Jetzt könnte er alle erwürgen, die sich ihm in den Weg stellen. Er leidet unter seiner Einsamkeit. Er sehnt sich nach Erlösung. Aber alle, die ihm begegnen, haben Angst vor ihm. Keiner nimmt ihn in den Arm. Keiner sucht ein Gespräch. Das macht ihn wütend. Dann schlägt er blind zu. Allmählich glaubt er selbst, er sei ein hoffnungsloser Fall.

Spottbilder

Die Griechen und Römer haben diesen Perspektivenwechsel nicht vollzogen. Sie feierten Theseus und verteufelten sein Opfer. Der Minotauros wurde zum Spottbild. Im alten Pompeji ritzten übermütige Kinder ein Labyrinth-Graffiti auf einen Pfeiler im Peristyl des Hauses von Marcus Lucretius an der Strada Stabiniana. Sie wollten damit den Hausherrn provozieren:

Abb. 12: *Minotauros-Graffiti aus Pompeji, nach Kern, S. 98, Abb. 107:*
„Labyrinth. Hier wohnt der Minotauros.“
„LABYRINTHUS. HIC HABITAT MINOTAUROS“

„Du bist wie der Minotauros!“ Die Gestalt des stierköpfigen Wesens wurde immer wieder bemüht, um Menschen mit einem anderen Glauben auszugrenzen, abzuwerten oder mundtot zu machen.
So bezeichneten Katholiken den Reformator Martin Luther als
„Wittenberger Minotauros in der Mönchskutte“. 1527 reiste Sir
Thomas Wyatt im Dienste des englischen Königs Heinrich VIII.
nach Rom. Der englische König wollte sich von Katharina von Ara-
gon scheiden lassen und Anna Bolyen heiraten. Papst Clemens VII.
stimmte der Auflösung der Ehe nicht zu. Eine Folge war bekanntlich die Lösung Englands vom Katholizismus und die Gründung
der Anglikanischen Kirche. Wütend auf Clemens VII. zeichnete
Thomas Wyatt während der Rückreise nach England ein Labyrinth
auf die Wand eines Wirtshauses. Es zeigt den Papst als Minotauros.
Der Papst strauchelt, das Zeichen seiner Macht, die Tiara, fällt ihm
vom Kopf.

Das Minotauros-Graffiti aus Pompeji wirkt weiter bis in die modernen Lateinbücher und das Internet. Auf der Website „Die Alten

Sprachen an der Hermann-Tast-Schule" (www.sh.schule.de/schu-len/hts/alspr.htme) wird er noch immer als „Untier" und „Monster" bezeichnet.

Wäre ich nie geboren – Friedrich Dürrenmatt

Kann man sich mit dem Minotauros identifizieren? Muss man es vielleicht? Friedrich Dürrenmatt ist immer wieder in die Haut des Minotauros geschlüpft. Er hat sich gefragt: Wie mag sich der Minotauros fühlen? Wie sieht sein Gefängnis aus? In der Ballade *Minotaurus* (1985) entwirft er ein Labyrinth aus lauter Spiegeln. Hier wohnt der Minotauros, das einsamste Wesen auf der Welt. Nie sieht er ein fremdes Gesicht, immer nur sich selbst in tausendfacher Brechung. Im Laufe der Jahre erwacht sein Bewusstsein. Der Minotauros erkennt seine Lage, seine totale Einsamkeit, er weiß nun, dass seine Welt ein Labyrinth ist und bricht voll Schmerz und Verzweiflung zusammen. Diesen Augenblick nutzt Ariadne aus, bindet um das Horn des Ohnmächtigen einen roten Wollfaden. Als der Minotauros erwacht, sieht er einen zweiten Minotauros vor sich stehen. Voller Freude glaubt er aus seiner Vereinzelung erlöst zu sein, geht auf den zweiten Minotauros zu und beginnt zu tanzen.

„Er tanzte den Tanz der Brüderlichkeit, den Tanz der Freundschaft, den Tanz der Geborgenheit, den Tanz der Liebe, den Tanz der Nähe, den Tanz der Wärme. Er tanzte sein Glück, er tanzte seine Zweisamkeit, er tanzte seine Erlösung, er tanzte den Untergang des Labyrinthes, das donnernde Versinken seiner Wände und Spiegel in die Erde, er tanzte die Freundschaft zwischen den Minotauren, Tieren, Menschen und Göttern."[9]

Er geht auf den Fremden zu und sieht in ihm den Freund. Der Gefangene denkt, nun sei die Stunde seiner Befreiung gekommen.

Welch ein Irrtum! Denn als er seinen vermeintlichen Erlöser umarmt, zückt dieser einen Dolch und ersticht ihn heimtückisch. Anschließend nimmt er die Stiermaske vom Gesicht: Es ist Theseus. Hier gibt es keinen Triumph. Der Leser feiert nicht die Tat des Theseus, denn wahre Helden kämpfen nicht mit Heimtücke.

Wie viele andere Leser seiner Zeit kannte Dürrenmatt die griechischen Mythen seit seiner Kindheit. Doch erst die Grauen des Zweiten Weltkrieges öffneten ihm den Blick für das tragische Leben des Minotauros. Er stellt sich die Frage: Wenn die Welt so voller Schrecken ist, wäre es dann nicht besser, nie geboren worden zu sein?

„Indem ich jedoch damals, als der Krieg zusammenbrach, ein Labyrinth entwarf, identifizierte ich mich unbewusst mit dem Minotauros, dem Bewohner des Labyrinths, vollzog ich den Urprotest, protestierte ich gegen meine Geburt; denn die Welt, in die ich hineingeboren wurde, war mein Labyrinth."[10]

Schrecken der Selbsterkenntnis – Picassos „Minotauromachie"

Wenn man auf einer Landkarte sämtliche Stationen seines Lebensweges ankreuzen und sie anschließend mit einer Linie verbinden würde, so käme gewiss die Gestalt des Minotauros heraus, sagt Pablo Picasso. Seit 1928 identifiziert sich der Künstler mit dem Minotauros. Als Spanier verbindet er mit der Gestalt des Stieres Männlichkeit, Geschlechtlichkeit, Kampf, Opfer und Tod. Höhepunkt seiner Einfühlung ist die bekannte Radierung *Minotauromachie* (1935). Der Titel kann mit „Minotauroskampf" übersetzt werden. Die Kupferplatte im Format 50 × 70 cm wurde in einer Phase starker Depressivität und innerer Zerrissenheit geätzt. Ihr Thema ist das Erwachen des Minotauros und der Schrecken der Selbsterkenntnis.

Picasso ist seit Juli 1918 mit Olga Koklowa (1891–1955) verheiratet. Im Januar 1927 lernt er die Blumenverkäuferin Marie-Thérèse Walter (1909–1977) kennen. Sie ist gerade 17 Jahre alt. Er verliebt sich in sie. Über Jahre hinweg kommt es zu heimlichen Treffen, auch während der Familienferien in Dinard/Bretagne. Während Frau und Sohn in Paris weilen, verbringt er mit seiner Geliebten die Zeit auf seinem Landsitz in Boisgeloup. Als Marie-Thérèse schwanger wird und sich das Verhältnis nicht mehr verheimlichen lässt, zieht Olga mit Sohn Paulo aus der gemeinsamen Wohnung ins Hotel California in der Rue de Berri. Picasso stürzt in eine tiefe Schaffenskrise. Ein Jahr später wird er sich von Marie-Thérèse trennen.

Das Bild „Minotauromachie" führt uns in ein Labyrinth. Im Hintergrund sieht man zur Rechten das offene Meer, zur Linken eine hohe Mauer. Theseus flieht mit Hilfe einer Leiter. Im Mittelalter wurde er als Vorläufer Christi gesehen. Wohl deshalb trägt der Flüchtende an der linken Brustseite eines der Wundmale Christi. Von ihm ist Hilfe nicht zu erwarten. Ebenso wenig von den beiden Zuschauerinnen, die still und unbewegt aus einem Fenster in der Maueröffnung hinabschauen.

Die beiden Gegner sind der Minotauros mit dem mächtigen Schädel des nordamerikanischen Büffels und ein Mädchen. In der rechten Hand hält es einen Feldblumenstrauß, wie sie auch von Marie-Thérèse an den Pariser Metro-Stationen verkauft wurden, und in der emporgestreckten Rechten eine brennende Kerze. Ihre Strahlen bringen Licht in eine düstere Szene. Denn zwischen dem Mädchen und dem Minotauros befinden sich zwei Opfer des Stieres: ein tödlich verletztes Pferd, aus dessen Flanke die Gedärme quillen, und ohnmächtig über dem Pferd zusammengebrochen eine Torera. Ihr Oberkörper ist entblößt, die runden, fülligen Brüste liegen frei. Der Bauch zeigt die leichte Wölbung der frühen Schwangerschaft.

Während der 16. bis 21. Schwangerschaftswoche der Geliebten entsteht die *Minotauromachie*. Die Torera trägt ihre Gesichtszüge. „Erkenne dich selbst!", fordert das delphische Orakel. Das Licht der Aufklärung und Selbsterkenntnis wird dem Minotauros von dem Blumenmädchen entgegengehalten. Es streckt den rechten Arm aus und will den Stierköpfigen abwehren, um das Opfer zu schützen. Den Minotauros durchfährt der Schrecken der Selbsterkenntnis: So bist du! Das hast du getan! Picassos Bild zeigt, dass Selbsterkenntnis auch schrecklich sein kann, weil plötzlich unsere Schattenseite aufleuchtet.

Die Verwandlung – Stephen King

Jack Torrance hat der Schule den Rücken gekehrt. Der ehemalige Lehrer will einen Roman schreiben. Da bietet sich ihm die Gelegenheit eines Jobs als Wächter in einem Hotel. Es liegt in den verschneiten Bergen Colorados, das den Winter über geschlossen ist. Jack Torrance zieht mit Sohn und Ehefrau in das riesige Hotel. Er weiß, dass sein Vorgänger hier wahnsinnig geworden ist und seine gesamte Familie ermordet hat. Das irritiert ihn zuerst nicht. Doch dann wandeln sich die vielen Gänge und Zimmer in einen Irrgarten der Angst. Auf seine Arbeit am Roman kann er sich nicht konzentrieren, Bilder des Grauens tauchen auf, der Lehrer wird von der Wahnidee ergriffen, auch er müsse seine Familie umbringen.

Stephen Kings Roman *Shining* wurde 1979 von Stanley Kubrick verfilmt. Jack Nicholson spielte die Rolle des Lehrers. Auch hier zeigen Buch und Film einen anderen Blick auf den Minotauros. Er ist nicht mehr der Fremde, der Andere, sondern der eigene Schatten, die andere Seite eines Menschen. Jack Torrance wird in den Minotauros verwandelt, ohne dies zu wollen. Er stürzt sich auf seinen eigenen Sohn. Der flieht aus dem Hotel und sucht sich im verschneiten Irrgarten zu verstecken. Am Ende gelingt es ihm, den Vater zu überlisten. Torrance verirrt sich und erfriert. Wer ist Schuld an seiner plötzlichen Verwandlung? Niemand. Die Ursache des Grauens bleibt absolut rätselhaft. Aber es ist in der Welt.

Die Welt als Gefängnis – Jorge Luis Borges

Wahrscheinlich, so vermutet der argentinische Dichter Jorge Luis Borges (1899–1986), verberge sich hinter der Geschichte vom Minotauros der Schatten noch viel schrecklicherer Träume. Was kann grauenhafter sein, als das Schicksal des Minotauros? Eine Antwort haben die Gnostiker gegeben, eine esoterische Bewegung aus der Frühzeit des Christentums. Für sie war die ganze Welt ein Gefängnis. Nicht nur der Minotauros, ausnahmslos alle Menschen waren ungewollte Kinder.

Die Kirchenväter hatten den Menschen für das Böse in der Welt verantwortlich gemacht, durch den Missbrauch der Freiheit und die Sünde die einst gute Schöpfung in einen Irrgarten verwandelt zu haben. Sie belasteten den Menschen, um Gott zu entlasten. Die Gnostiker sahen das ganz anders und gaben Gott die Schuld. Sie waren die ersten, die deutlich aussprachen, was auch unter den ersten Christen viele dachten: Die Welt war zu keinem Zeitpunkt „sehr gut" gewesen. Sie war von Anfang an ein Irrgarten. Besser, es hätte sie nie gegeben.

Ein ähnliches Lebensgefühl hat auch der argentinische Schriftsteller Jorge Luis Borges in seinem Gedicht „Labyrinth" (1966) beschrieben:

„Es wird nie eine Tür geben. Du bist
im Innern, das Kastell umschließt den Kosmos,
und es hat weder Rück- noch Vorderseite,
noch Außenmauer, noch geheime Mitte.
Erhoff nicht, dass die Strenge deines Weges,
der stetig sich zu neuem Weg verzweigt,
der stetig sich zu neuem Weg verzweigt,
je endet. Aus Eisen ist dein Geschick,
so wie dein Richter. Hoff nicht auf den Stoß
des Stiers, der Mensch ist, dessen seltsame

Mehrfachgestalt das Netz aus unendlich
verwobenem Gestein mit Grauen füllt.
Es gibt ihn nicht. Erhoff nichts. Nicht einmal
in schwarzer Dämmerung das Ungeheuer."[11]

Der unvollkommene Bauplan der Welt verriet das Unvermögen
des Baumeisters. Die Gnostiker nannten ihn den Demiurgen. Und
sie stellten sich darunter einen Handwerker vor, der schlechte
Arbeit geleistet hatte. Diese Welt war ihnen durch Gottes eigene
Schuld verderbt. Nicht nur auf die Welt war kein Verlass, sondern
auch auf den Gott, der sie geschaffen hatte. Weil diese Welt aber
unvollkommen war, kannten die Gnostiker auch keine Verantwortung für die Schöpfung. Sie zu bewahren, hieße aus dem Irrgarten
der Welt einen Dauerzustand zu machen. Deshalb träumen die
neuen Gnostiker von der Verbesserung der Welt durch biogene-
tische Technik. Daedalus ist ihr Vorbild.

Daedalus – Vater der Gentechnologie

Künstliche Menschen wie den Golem oder Frankensteins Schöpfung gab es bereits vor der Gentechnologie. Friedrich Nietzsche
träumte von der Züchtung des Übermenschen. Aber diese Gestalten waren der Fantasie von Dichtern und Visionären entsprungen.
Niemand wäre auf die Idee gekommen, in ihnen etwas anderes als
Symbole zu sehen. Im Zeitalter der Gentechnologie hat sich auch
hier die Perspektive verändert. Die genetische Manipulation wirft
neues Licht auf die Gestalt des Minotauros.
    Auf dem berühmt-berüchtigten CIBA-Symposion *Man and his
Future* (26.–30. November 1962) in London hatte der schottische
Genetiker John Haldane (1892–1964) seine gentechnologischen
Utopien entworfen: Klonierung von außergewöhnlichen Menschen
solle die normale Fortpflanzung ersetzen und durch das Pfropfen

von tierischem Erbgut in menschliche Zellkerne könnten Mischwesen erzeugt werden. Warum das? Menschen ohne Schmerzemp-
finden, Menschen mit Greifschwänzen seien für die Bewegung im
Weltall besser geeignet. Es sollten auch Medikamente entwickelt
werden ähnlich dem Thalidomid, die sich allein auf die Beine aus-
wirkten. Diese Menschen ohne Beine wären für weite Weltraum-
flüge, etwa zum Alpha Centauri, besonders gut geeignet. Zudem
würden Gewicht und der Bedarf an Nahrung und Sauerstoff ver-
mindert. Noch geeigneter wäre eine Rückentwicklung des Menschen zur Gestalt eines seiner Vorfahren im mittleren Pliozän mit
Greiffüßen und einem affenartigen Becken.

Bereits in seinem Buch *Daedalus oder Wissenschaft und Zukunft*
(1923) hatte Haldane das Vorbild für diesen Menschen der Zukunft
gefunden: Es ist der Minotauros. Für Haldane ist Daedalos der
erste Gen-Ingenieur und der Minotauros der erste Erfolg auf dem
Gebiet der experimentellen Entwicklungsbiologie. Wie Daedalos
werde auch der Wissenschaftler der Zukunft Menschen nach seiner
Vorstellung schaffen und sich dabei weder durch eine bürgerliche
Moral noch einen Gott einschränken lassen.

„Der Wissenschaftler der Zukunft wird immer mehr der einsamen
Gestalt des Daedalos gleichen, in je höherem Maße er sich seiner
furchtbaren Mission bewusst und stolz auf sie sein wird."[12]

Zum Urbild moderner biotechnologischer Manipulation am Leben
konnte der Minotauros erst im Zeitalter der Eugenik werden.
Aldous Huxley nahm die in den zwanziger Jahren noch utopisch
klingenden gentechnologischen Visionen zum Anlass seiner berühmten Gegenutopie *Schöne neue Welt* (*Brave new world* 1932).
Sie hat wie George Orwells Roman *1984* weder Sperma-Banken,
Leihmutterschaft, In-Vitro-Fertilisation noch das Klonieren von
Pflanzen und Tieren verhindern können. Im Jahre 1992 genehmig-
te das niederländische Parlament dem Biotechnologie-Unterneh-

men Gene Pharming, dem Stier Hermann ein menschliches Gen einzupflanzen. Genstier Hermann zeugte über fünfzig Kühe. Ihre Milch sollte als Säuglingsnahrung die Muttermilch ersetzen. Ein Minotauros ist noch nicht in Sicht. Oder wissen wir nur nicht, welche Chimären in den Labyrinthen der Gentechnologen gefangen gehalten werden?

„Erkenne dich selbst!" Welcher Schrecken der Selbsterkenntnis würde den Minotauros heimsuchen? Welches Entsetzen würde den Menschen erfassen, der eines Tages erführe, dass er ein Doppelgänger (Klon), die Wiederholung eines anderen Menschen ist? Das Labyrinth kannte bisher nur die Sieger. Heute fordert es uns auf, auch die Perspektive der Opfer einzunehmen.

Der Holocaust – Im Irrgarten der Vernichtungslager

Jeder Mensch hat seine Schattenseite. Noch größer ist der Schatten der Geschichte. Auf der Suche nach einer Metapher für die Gulags, Konzentrationslager und Schinderhütten des 20. Jahrhunderts greifen Künstler zunehmend auf das Bild des Irrgartens zurück. Zu den Vorschlägen für ein Denkmal der Berliner Holocaust-Gedenkstätte gehörte auch ein Entwurf von Peter Eisenmann. Er wollte einen Irrgarten aus 40 000 Betonpfeilern errichten. Im Musée d'Art Contemporain von Lyon zeigte der Künstler Robert Morris auf achthundert Quadratmetern Ausstellungsfläche den letzten Teil seiner Irrgarten-Trilogie (August/September 2000). Zwischen den Gängen aus weißen, licht- und bilddurchlässigen Stoffwänden irrte der Besucher durch einen Raumkörper, der ihn durch Fotos und Geheimdokumente mit der Zeit der Okkupation in Lyon konfrontierte.

Die Fotos waren eine Leihgabe aus Frankreichs größtem Museum zur Geschichte des Holocaust, dem Musée d'Histoire de la Résistance et de la Déportation. Sie zeigten Gefangene aus dem Gestapogefängnis Fort Montluc, ein kleines jüdisches Mädchen auf einem Dreirad, Helden und Märtyrer der Résistance wie Jean Moulin und immer wieder das Profil von Klaus Barbie. Was ist der Irrgarten der Geschichte? Peter Eisenmann kommentierte seinen Entwurf: „Kein Ziel, kein Ende, kein umfassendes Verstehen."

Können wir mit den Schatten der Vergangenheit unseres Volkes, unserer Familie, unserer Kirche und der eigenen Seele leben lernen? Ähnliche Fragen bewegten auch den Ägypter Antonius. Um eine Antwort zu finden, verließ er die Stadt und ging in die Einsamkeit der Wüste. Diese galt als dunkles Labyrinth und Wohnstätte der Schattenmächte. Antonius stellte sich ihnen. Was er dabei entdeckte, war ein Weg der Gelassenheit.

DAS LABYRINTH VON ÄGYPTEN:
EIN WEG DER GELASSENHEIT

„Wüsstest du,
was in der fernsten Ferne
hilfebringend,
hilfesuchend
deiner und deiner Arbeit
wartet!"

(Karl Foerster, *Tagebuch*)

Das ägyptische Labyrinth von Hawara wurde von Amenemhet III. (1818–1773/2 vor Christus) neben einer Pyramide erbaut. Der Thronname dieses Pharaos der 12. Dynastie lautete „Lamares". Die Griechen nannten ihn „Labaris" und sein Labyrinth den „Tempel des Labaris". Daedalus soll es Vorbild für den Bau des kretischen Labyrinthes gewesen sein.

Was wissen wir über die Person Amenemhet III.? Er hatte als Herrscher großen Erfolg. Der sechste König der 12. Dynastie führte sein Land zu wirtschaftlicher und kultureller Blüte. Zudem war er ein bedeutender Baumeister. Mit Deichen sicherte er das Land vor Überschwemmungen durch das Hochwasser des Nils. In Medinet errichtete er einen Tempel zu Ehren des Gottes Sobek, in Krokodilopolis erneuerte er dessen Heiligtum. Sobek, der Gott mit dem Krokodilkopf, gilt als Vorbild für den stierköpfigen Minotauros.

Unter den ägyptischen Göttern in Tiergestalt spielte das Krokodil eine zentrale Rolle. Neben dem Nilpferd galt es als das gefährlichste und stärkste Tier. Es bedrohte das zeitliche und das ewige Leben. Nicht nur, dass es Fischern und Landwirten nachstellte und nach den Kindern Ägyptens schnappte. Wer beim Baden im Nil von einem Krokodil gefressen wurde, dem drohte ein ewiges Schicksal. Denn sein Körper konnte nach ägyptischem Totenbrauch nicht einbalsamiert werden. Der Ägypter glaubte an ein Leben nach dem Tod. Doch galt die Jenseitsreise ins ewige Leben als ebenso gefährlich wie das Schwimmen im Nil. Der Gott von Krokodilopolis war der Herrscher über den Urozean der Unterwelt. Durch ihn glitt die Sonne auf ihrer Nachtfahrt, durch ihn musste auch die Seele auf ihrer Jenseitsfahrt reisen. Deshalb gab man den Toten Zaubersprüche mit auf die Reise durch die Nacht der Unterwelt, mit denen sie sich gegen die wilden Krokodile wehren konnten, die aus allen vier Himmelsrichtungen auf den Verstorbenen zustürmten.

Abb. 13: Die Sonnenfahrt durch das Krokodil, nach Hornung, S. 104

Warum sorgte sich dieser Pharao mehr als jeder Ägypter um die Ewigkeit? Sein Privatleben war von schweren Schicksalsschlägen überschattet. Zwei Mal war er verheiratet gewesen. Beide Frauen starben früh. Zur Erinnerung an die Geliebten ließ er zwei Pyramiden errichten. Die erste in Dahschur, ein mit Turakalkstein verkleideter Ziegelbau. Die zweite in Hawara am Ostrand des Fajjums. Zu diesem Ziegelbau mit Kalksteinverkleidung gehörte das Labyrinth mit einer Grundfläche von 305×244 Metern. Überreste sind von Karl Richard Lepsius und Sir Flinders Petrie in der Nähe der Stadt der heiligen Krokodile ausgegraben worden.

Während es für die Pyramiden zahlreiche architektonische Vorbilder gab, war das Labyrinth einzigartig. In der Antike galt es als Weltwunder. Viele Reiseschriftsteller wie Strabon von Amaseia (64 v. Chr. – 19 n. Chr.) und Gaius Plinius Secundus d. Ä. (23–79 n. Chr.) haben es beschrieben. Herodot von Halikarnassos (484–430 v. Chr.) stellt es über den berühmten Artemis-Tempel von Ephesos, ja über die Pyramiden selbst. Durch seinen Bericht besitzen wir eine Vorstellung von der Architektur des Labyrinthes:

„Sie (die Könige) (…) bauten infolgedessen das Labyrinth etwas oberhalb des Moiris-Sees und nicht weit von der Stadt Krokodilopolis. Ich habe es selbst gesehen, ein wahres Wunderwerk. Denn wenn man auch alles zusammennähme, was die Griechen an Bauwerken zustande gebracht haben, so würde das an Arbeit und Kosten dem Labyrinth nicht gleichkommen, und der Tempel in Ephesos und der in Samos können sich doch auch sehen lassen. Schon die Pyramiden waren ja Wunderwerke, (…) das Labyrinth aber übertrifft sogar noch die Pyramiden. Denn es hat zwölf bedeckte Höfe, deren Tore sich gegenüberliegen, je sechs an der Nord- und an der Südseite nebeneinander, außen aber alle von einer Mauer umgeben. Es sind zweierlei Zimmer darin, unterirdische und darüber andere oberhalb der Erde, im ganzen dreitausend, von jedem fünfzehnhundert. Die oberen habe ich selbst gesehen und durchschritten und kann davon als Augenzeuge berichten, von den unterirdischen aber habe ich mir nur erzählen lassen. Denn die Beamten wollten sie mir durchaus nicht zeigen, weil dort die Gräber der Könige waren, welche das Labyrinth vor Zeiten erbauten, und die Gräber der heiligen Krokodile."[13]

Im strengen Wortsinn war das doppelstöckige Bauwerk ein Irrgarten. Da es jedoch in den gesamten Überlieferungen als Labyrinth bezeichnet wird, wollen auch wir von diesem Sprachgebrauch nicht abweichen. Kein Unbefugter konnte in das Labyrinth schauen. Hohe Außenmauern wehrten die Blicke ab. Im oberen Stockwerk befanden sich zwölf überdachte Innenhöfe. Sie waren der Öffentlichkeit zugänglich. Durch zahllose Kreuz- und Quergänge verbunden, bildeten sie einen Irrgarten, dessen Wände durch Bilder, Reliefs und Statuen geschmückt waren. Das obere Stockwerk dürfen wir uns als Ort der Muße und Kontemplation vorstellen. Es diente der Vorbereitung für den Eintritt in den unteren Teil des Labyrinthes, den ein unterirdischer Gang mit der nahe gelegenen Pyramide verband.

Das untere Stockwerk lag in völliger Dunkelheit. Hier befand sich das spirituelle Zentrum der Anlage. Niemand durfte es ohne Vorbereitung betreten. Eine schwere Tür versperrte den Eingang zum Labyrinth. Sie ließ sich nur unter lauten und schrecklichen Geräuschen öffnen. Das furchtbare Donnern der Tür sollte das dumpfe Brüllen der Krokodile nachahmen. Denn im unteren Teil des Labyrinthes lag die Totenwelt. Hier hausten die heiligen Krokodile, bereit, sich auf den Eintretenden zu stürzen und ihm seine heka, seine Zauberkraft, zu entreißen.

Am Eingang des ägyptischen Labyrinthes steht keine freundliche Ariadne und bietet ihren Dienst an. Kein Wollfaden wird zur Orientierung gereicht. Niemand spricht ermunternde Worte oder lädt den Labyrinthgänger ein, die Tür zur Welt der Gräber zu öffnen. Im Gegenteil! Wer unbefugt die untere Kammer des ägyptischen Labyrinthes betreten will, wird durch das Krokodilbrüllen bewusst abgeschreckt:

Bleibe draußen!
Hier lauert Gefahr!
Das Krokodil greift nach dir!

An den Mysterienstätten wird das Geheimnis geschützt. Der Unbefugte dringt in die Mitte nicht vor. Wer es dennoch wagt, den tötet die Begegnung oder sie bringt ihn um den Verstand, wie es Friedrich Schiller in seinem Gedicht *Das verschleierte Bild zu Sais* (1795) eindrücklich dargestellt hat.

Die Reise ins ägyptische Labyrinth ist ein Weg der Wahrheit und Wahrhaftigkeit. Deshalb soll sich der Labyrinthgänger nichts vormachen. Es wird kein Spaziergang und kein Spiel werden. Das wahre Ich im Spiegel zu erkennen, kann fürchterlich sein. Menschen können darüber zusammenbrechen, aber auch eine Stufe höherer Gelassenheit und Heiterkeit erreichen.

Von Pachomius wird berichtet, er habe sich beim Überqueren der Flüsse Ägyptens stets der Krokodile bedient. Vom Flussufer sei er auf einen Krokodilrücken gestiegen, und die Bestie habe ihn mit großer Schnelligkeit ans andere Ufer gebracht. Diese Legende schreibt die alte ägyptische Vorstellung von der Nachtfahrt der Seele durch den Bauch des Krokodils fort. Durch sie wird anschaulich ins Bild gesetzt, welche Eigenschaften derjenige entwickelt, der das Dunkel des Labyrinthes durchschritten hat. Zurückgekehrt ins Leben wird ihn nichts mehr schrecken. Er hat alle Furcht endgültig abgelegt und lebt angstfrei in großer Gelassenheit. Er hat das Licht des Jenseits auf die Erde geholt.

Der Eingeweihte lässt sich von dem Brüllen der Krokodile nicht schrecken. Er öffnet die Tür zur Grabkammer. Wie die Sonne ihre Kraft auf der Nachtfahrt erneuert, so werden auch die Sonnenkräfte des Lebens bei der Reise durch das ägyptische Labyrinth neu geboren.

Das ägyptische Labyrinth ist eine Totenstadt.

Wer es betritt, den schrecken die Krokodile.

Wer es durchschreitet, erkennt das Vergängliche.

Wer in seiner Mitte verweilt, erfährt das Unvergängliche.

Wer wieder ans Licht tritt, ruht in Gelassenheit.

Das ägyptische Labyrinth birgt einen himmlischen Schatz.

Was immer blühte, verblich, und auch an den Bauwerken aus Menschenhand nagt der Zahn der Zeit. Wie die Labyrinthe von Epidauros und Kreta, so zerfiel das ägyptische Labyrinth des Pharao. Aber der Geist der Sehnsucht nach Ewigkeit, der es einst hervorbrachte, lebt weiter. So war und ist das ägyptische Labyrinth dort zu finden, wo sich Menschen auf die Suche nach dem Unvergänglichen machen.

Antonius (250–354 n. Chr.) war der berühmteste Labyrinthgänger Ägyptens. Keiner hat den Gang in die untersten Kammern der Seele so eindringlich erfahren und beschrieben wie er. Den Pyramiden gleich strebt seine Sehnsucht in den Himmel. Wie der Geist des Pharaos, der das Labyrinth erbaute, kämpfte auch sein Herz gegen die Vergänglichkeit und suchte das Unvergängliche. Wie kam es dazu?

Bis zum 18. Lebensjahr lebte Antonius wie alle anderen. Da traf ihn plötzlich eine Erschütterung. Sie warf sein altes Leben aus der Bahn. Seine Eltern starben. Sie hinterließen ihm ein großes Vermögen, so dass er und seine jüngere Schwester materiell abgesichert waren. Doch gab ihm der Besitz nur eine äußere Sicherheit. Sein Herz fand keine Ruhe. Es machte sich auf die Suche nach dem Unvergänglichen. Kein Schatz der Welt würde die Eltern aus dem Reich des Todes freikaufen können. Nichts von dem, was ihm nun wichtig wurde, konnte er durch Geld erwerben. Ja, er hatte das Gefühl, der Besitz mache ihn sogar unfrei, er behindere seine Suche nach dem, was bleibt.

Antonius suchte den Weg zur Mitte. Er ahnte, dass in der Mitte etwas Kostbares verborgen lag, wertvoller als Gold und Edelsteine. Er nannte es den „Schatz im Himmel". Damit verband er die Vorstellung von etwas Unvergänglichem, das seinem unruhigen Herzen Gelassenheit schenken könnte. Der „Schatz im Himmel" war in ihm verborgen wie die Perle in der Auster. Er gehörte zur Mitte seiner Person, zu jenem innersten Bezirk, der geheimnisvoll und tief verborgen im Labyrinth seines Herzens lag. Dieses letzte Geheimnis seiner Seele würde alles Sichtbare überdauern, es würde noch leben, wenn alle Schätze der Welt längst vergangen waren. Der „Schatz im Himmel" war sein Wesenskern und war zugleich mehr. Das ließ sich eben nicht in Worte fassen. Doch ein anderer fand Sprache für ihn. Er vernahm die Worte aus dem Evangelium:

„Geh hin, verkaufe alles, was du hast,
und gib's den Armen,
so wirst du einen Schatz im Himmel haben,
und komm und folge mir nach!"[14]

Antonius verschenkte seinen Besitz bis auf einen Teil, der seiner Schwester zur Bestreitung des Lebensunterhaltes dienen sollte. Damit begann sein Weg ins Labyrinth. Er vollzog sich in sieben Stufen.

Erste Stufe: Loslassen

Der Wunsch, etwas zu besitzen, ist tief in uns verankert. Wir schmücken unser Zimmer mit Bildern, sammeln CDs mit der Musik, die uns in Schwingung versetzt. Wir halten Urlaubseindrücke auf Fotos und Videofilmen fest. Wir sammeln alte Briefe. Wir richten uns ein, bauen ein Haus, gestalten einen Garten. Die Welt soll Heimat werden. Doch gibt es Lebensphasen, in denen uns das Angesammelte zu ersticken droht. Wir räumen auf, sortieren, entscheiden uns für das Wesentliche und trennen uns vom unwesentlich Gewordenen. Der Gang ins Labyrinth beginnt mit solchen „Aufräumphasen". Wir spüren, dass wir uns von unnötigem Ballast trennen müssen, um das Wesentliche zu finden. Antonius ist ein Meister im Loslassen. Sein radikaler Weg ist für viele Menschen beneidenswert. Es ist der Weg des Aussteigers. Antonius hat alles gehabt und auch genossen, doch irgendwann auf seinem Lebensweg gespürt:

Ich brauche das alles nicht.
Es ist unwesentlich.
Es bringt mich nicht weiter.

Vielleicht würde er heute einen hoch dotierten Posten verlassen, die seit langem überfällige Trennung vollziehen und ein neues Leben beginnen. In seinen neuen Wohnort nähme er nichts mit. Die Möbel ließe er zurück, die Bilder, die Fotos und Filme.

Auf der ersten Stufe des Labyrinthes steht die Trennung von allem, was uns umklammert und unfrei macht. Das kann der materielle Besitz sein. Wer das Alte und Überlebte in dieser Weise von seiner Seele abgestreift hat, ist aber noch lange nicht frei.

Zweite Stufe: Die Stille aushalten

Nach der Loslösung öffnet sich der Raum der Stille. Wer hier tiefer eindringen möchte, muss lernen sie auszuhalten. Ein neues Leben keimt. Doch bis die Pflanze vollständig einwurzelt und in ganzer Fülle aufblüht, können Jahre vergehen. Geduld ist nun nötig, vor allen Dingen Geduld mit sich selbst. Schnell fliehen wir in eine neue Beziehung, rasch füllt sich wieder die Wohnung, bald sind wir wieder gefangen in den alten Mustern, die wir doch überwinden wollten.

Antonius wechselte den Wohnort. Er verließ das Stadtzentrum mit seinen vielen Menschen und der ruhelosen Geschäftigkeit und zog an den Stadtrand. Er ging in die Einsamkeit und lernte sie auszuhalten. Aber er suchte auch das Gespräch mit Menschen, die sich wie er auf den Weg zum Unvergänglichen gemacht haben. Seit er auf den Besitz verzichtet hatte, ist er reich an Zeit für das Wesentliche. Er spürte, wie seine Seelenkräfte wuchsen, wenn er sich mit den spirituellen Wegen anderer Menschen beschäftigte.

Der Raum der Stille ist ein Ort für neue Erfahrungen. Hier konnte er neue Wege üben, um herauszufinden, welcher Weg ihn weiterführen wird. Gelegentlich besuchte er spirituelle Lehrer, um Anregungen für seinen eigenen Weg zu bekommen. Dabei entwickelte er ein Gespür für das Authentische, denn nicht jeder Lehrer lebt aus der Tiefe und nicht jeder hat in der eigenen Seele erfahren, wovon er wortreich kündet. Jahrzehnte später, als Antonius selbst den ganzen Innenraum des Labyrinthes seines Herzens durchschritten hatte und zum spirituellen Lehrer geworden war, formulierte er eine Grundregel, mit der er seine frühen Erfahrungen im Haus der Stille zusammenfasste:

Lehre nur,
was du selbst erfahren hast!

Wenn er seine eigenen spirituellen Lehrer beobachtete, dann fielen ihm bestimmte Eigenschaften auf: Freundlichkeit in der Zuwendung etwa oder Menschlichkeit; einer strahlt Ruhe aus, ein anderer Sanftmut. An dem einen beobachtete er den liebevollen Umgang mit anderen Menschen, ein anderer war ein Vorbild an Beständigkeit und Zuverlässigkeit, ein dritter fiel durch seine Wissbegierde auf.

Antonius übte sich, auf unterschiedlichen Wegen zur Vollkommenheit zu gelangen: den Weg des Sitzens in der Stille, den Weg des Gebetes, den Weg der Leibarbeit. Er übte den Verzicht auf Nahrung, den Verzicht auf ein weiches Bett und schlief auf dem Boden.

Dritte Stufe: Die Zeit wird lang

Die Tage des Spleens blieben nicht aus. Tage der Ungeduld, Tage des Zweifels, Tage, an denen Antonius das Gefühl hatte, eine falsche Entscheidung getroffen zu haben. Theseus ist ein junger Mann. Er kennt nicht die eigene Schattenwelt. Antonius aber sieht seine Schatten in Übergröße:

Er denkt an seine Verwandten.

Er sorgt sich um seine Schwester. War es richtig, sie verlassen zu haben? War sein eigener Weg der Vervollkommnung nicht völlig selbstbezogen? Wer sich selbst finden will, muss seinen eigenen Weg gehen, gewiss. Doch ist der eigene Weg jedes Opfer wert? Wo ist die Grenze zwischen Selbstfindung und Egoismus?

Er denkt an seinen Besitz.

Er hatte einen Teil der Schwester überlassen, den anderen verschenkt, um frei zu sein. Aber hätte er mit dem Kapital, das er von seinen Eltern geerbt hatte, nicht in der Welt arbeiten können? Gutes tun, Arbeitsplätze schaffen, soziale Einrichtungen unterstützen? Er ist willensstark und ehrgeizig. Er hätte etwas in der Welt bewirken können. Wem hatte er mit seinem Verzicht auf Besitz geholfen?

Er denkt an die kleinen Freuden des Lebens.

Gutes Essen, guter Wein, Gespräche mit Freunden. Was ist gewonnen, wenn er auf diese Genüsse verzichtet? Gewiss fördert eine bewusste Ernährung die Gesundheit und steigert die Seelenkräfte, übt man sich darin auf Zeit. Doch warum auf die Gaumenfreuden ganz verzichten? Wem dient sein Verzicht?

Er denkt an die Länge der Zeit.

Das Leben in der alten Welt hatte Zerstreuung geboten, aber auch sinnvolle Nutzung der Lebenszeit. Der Tag war gefüllt mit konkreten Aufgaben. Ist es nicht ein Segen, keine Zeit zu haben? Nicht nachdenken zu müssen? Nicht in Erwartung zu sein? Wie lange wird er noch unterwegs sein? Wann wird er die Mitte des Labyrinthes erreicht haben? Woher Kraft, Geduld und Ausdauer nehmen?

Er denkt an die Schönheit der Frauen.

Er ist ein Mann. Die Körper der Frauen sind weich und warm. Bilder voller Leidenschaft steigen aus der Tiefe seiner Seele empor. Die lange Zeit der Enthaltsamkeit hatte seine Sinne geschärft, und nun ist ihm, als wäre die Schönheit selbst körperlich gegenwärtig. Er spürt, wie sich seine Männlichkeit regt und empfindet dies als Beschämung und Ablenkung von dem inneren Weg. Zugleich erfüllt ihn tiefes Verlangen. Kann er nicht mit einer Frau gemeinsam das Labyrinth durchschreiten?

Vierte Stufe: Den Kampf aufnehmen

Keinem, der sich ins Labyrinth des Herzens wagt, bleibt die dritte Stufe erspart. Der Weg zurück ins alte Leben steht jederzeit offen. Die Anlässe für einen Abbruch sind zahlreich und die Gründe höchst unterschiedlich. Zweifel an der eigenen Kraft, soziale Verantwortung gegenüber den Mitmenschen, Rückfall in altes Suchtverhalten, mangelnde Ausdauer, Spott der Freunde, Unverständnis der Familie.

Die wirkungsvollsten Formen der Anfechtung sind jedoch die der Vernunft. Die Seele hatte die Entscheidung getroffen, ins Labyrinth zu gehen. Wenn die erste Begeisterung verflogen ist, wenn der Euphorie des Aufbruchs die Nüchternheit der täglichen Anstrengung gefolgt ist, dann stellen sich jene Gründe für eine Umkehr ein, die uns in der einmal getroffenen Entscheidung verunsichern.

Die Stimme der Vernunft fragt: Vielleicht bildest du dir alles nur ein? Dein Glaube an das Vollkommene ist eine Illusion! Dein Leben besteht aus vielen Irrgängen, gewiss, aber woher willst du wissen, dass es auch eine Mitte hat? Selbst wenn dein Leben ein Zentrum hat, woher willst du wissen, dass es sich lohnt, dieses zu suchen? Vielleicht wirst du enttäuscht sein, wenn du der Wahrheit deines Lebens ins Gesicht schaust? Das trifft dich im Zentrum deiner Empfindsamkeit, dort, wo du zu träumen wagst, wo du voller Hoffnung, Sehnsucht und Erwartung bist.

Wer jetzt nicht flüchtet, sondern standhält, wer den Kampf aufnimmt und die Dinge klärt, der betritt die vierte Stufe. Für ihn beginnt eine Phase des inneren Ringens. Bei Antonius dauerte sie zwanzig Jahre und war mit einem erneuten Ortswechsel verbunden. Er zog nilaufwärts in die Wüste. Am Hang des Berges Pispir suchte er ein Felsengrab. Er öffnete die Tür, ließ sich vom dumpfen Brüllen der Krokodile nicht schrecken, ging hinein und schloss die Tür hinter sich zu. Nun ist er in die dunkelste Kammer des Labyrinthes getreten. Hier will er durchhalten, bis er alles, was ihn von seinem neuen Weg abhält, überwunden hat.

Wer in die Abgeschiedenheit gehe und zur Ruhe komme, sagt er später, halte sich aus einem dreifachen Kampf heraus: dem Kampf des Hörens, des Sprechens und des Sehens.

Jetzt endlich öffnen sich die Augen seiner Seele, und die Ohren des Herzens hören die Stimmen der Stille. Mit seinem inneren Auge sieht er die Krokodile. Die alten Tiergötter und -dämonen Ägyptens treten ihm entgegen und suchen seine Seele zu erschrecken. Hunde kläffen, Löwen brüllen, Wölfe jaulen, Schlangen züngeln, ein Stier senkt sein Haupt zum Angriff. Martin Schongauer, Matthias Grünewald, Joachim Patinir, Salvador Dali haben diese Urszenen der Begegnung mit dem Unheimlichen ins Bild gesetzt, Gustave Flaubert hat sie nachgedichtet.

Warum aber ist der Weg zur Mitte so schwer? Warum dauert die nächtliche Fahrt durch den Bauch des Krokodils so lange? Warum

kommt ihm niemand beim Kampf gegen die Angst und die Anfech-
tungen zu Hilfe? Da hat er einen Moment der Einsicht. Die Mitte
des Labyrinthes kommt ihm entgegen und erhellt das Dunkel seines Weges. Er sieht eine Lichtgestalt, seinen Seelenführer. Sein
Atem geht ruhiger.

Er fragt:
„Wo warst du?
Warum bist du nicht zu Anfang gekommen,
um meine Qualen zu beendigen?"

Die Lichtgestalt antwortet:
„Antonius, ich war hier,
aber ich wartete, dein Kämpfen zu sehen.
Da du den Streit bestanden hast,
ohne zu unterliegen,
werde ich dir hilfreich sein."[15]

Als Antonius dies vernimmt, weiß er: Er ist in der Mitte des Labyrinthes angekommen, eingeweiht in tiefe Geheimnisse, reich an
innerer Erfahrung.

Fünfte Stufe: Selbsterkenntnis

Woher kommen die Gestalten? Sind es Bilder aus der eigenen See-
lentiefe, sichtbar gewordene Schattenwelt, Projektionen des Unbewussten? Ist es die Erfahrung einer realen überweltlichen Macht
der Geister, für die das menschliche Auge im Alltag blind ist? Auf
der fünften Stufe findet die Klärung statt. Das Licht der Selbsterkenntnis leuchtet auf. Nun erkennt Antonius die Ursache vieler
Ängste des Menschen. Sie ist in der tiefsten Kammer der eigenen
Seele zu finden. Hier liegt der Drache Furcht.

„Wir wollen überlegen und immer beherzigen, dass die Feinde uns nichts tun werden, da der Herr mit uns ist. Denn wenn sie erscheinen, verhalten sie sich selbst gegen uns, wie sie uns antreffen, und nach den Gedanken, die sie in uns finden, gestalten sie auch ihre Trugbilder.

Wenn sie uns feige und in Verwirrung finden, dann eilen sie sogleich herbei wie Räuber, die einen Platz ohne Bewachung treffen; und was wir von uns selbst denken, das vergrößern sie noch obendrein. Wenn sie uns furchtsam und feige sehen, dann vermehren sie die Mutlosigkeit durch ihre Erscheinungen und Drohungen, und die arme Seele wird damit gefoltert."[16]

So fasst Antonius seine Selbsterkenntnis zusammen. Dann öffnet er die Tür der Grabhöhle und tritt mit leuchtendem Gesicht ins Freie.

Sechste Stufe: Heiterkeit der Seele

Das Labyrinth ist kein Haus, in dem wir uns lebenslang einrichten können. Die Strahlung aus der Mitte wäre auch zu intensiv, als dass wir sie auf Dauer aushielten. Ins Labyrinth hatte sich Antonius eingeschlossen, um das Unvergängliche zu finden. Nachdem er es erfahren hatte, macht er sich auf in eine neue Wüste. Hier lässt er sich am Berg Kolzim nieder. Er findet eine Oase der Ruhe und baut Früchte zu seiner Ernährung an.

> Hast du im Labyrinth die Mitte gefunden,
> kehre ins Leben neu zurück,
> bestelle das Land
> und wurzele ein.

Der Weg in die Mitte des Labyrinthes ist schwer. Auf einem Wochenendseminar wird er nicht zu durchschreiten sein. Aber der Anfang kann hier gemacht werden. Wir können den Einstieg wagen und die Furcht vor Krokodilen und anderen Schattenmächten ablegen. Wir können uns von anderen Labyrinthgängern ermutigen lassen.

Wie lang dauert der Weg zur Mitte? Ein Jahr? Sieben Jahre? Ein Jahrzehnt? Ein ganzes Leben? Antonius findet die Mitte in der Mitte seines Lebens. Ist das Zufall oder Fügung? Dürfen wir daraus ein Gesetz für alle Labyrinthgänger ableiten? Wird die Mitte auch in der Mitte unseres Lebens sichtbar werden?

Antonius ist 52 Jahre alt, als er den unvergänglichen „Schatz im Himmel" findet. Er ist frei geworden. Wovon? Von sich selbst und der Sorge um das Heil seiner Seele. Er lebt aus dem Unvergänglichen. In seiner Seele ist das Feuer, das nie mehr erlischt, entzündet worden und erleuchtet ihn. Die Heiterkeit seiner Seele drückt seinem Gesicht einen Stempel der Freude auf. Leben im Unvergänglichen ist Leben in der Freude, die nie vergeht. Leben im Unvergänglichen ist Leben im immer währenden Gebet. Leben aus der Mitte. Was ist dies? Ein Wandeln vor und in dem Geheimnis, egal wo wir sind und was wir tun.

Antonius sagt:
„Das ist kein vollkommenes Gebet,
solange der Mensch sich selbst,
oder was er betet,
versteht."[17]

Die Wahrheit leuchtet aus Antonius hervor, und zahllose Menschen mit seelischen oder körperlichen Leiden suchen Heilung durch ihn. So wird er zum Therapeuten, Seelsorger, Heiler und Lehrer.

Siebte Stufe: Gelassenheit

Antonius nimmt sich viel Zeit für die Menschen, die bei ihm Hilfe suchen. Er ist ganz Ohr. Die jahrelange Einsamkeit hatte seine Sinne geschärft und sein leuchtender Blick ermuntert die Menschen, ohne Umschweife zum Wesentlichen zu kommen. Ins Wesentliche, also in die Mitte des Lebens, zielen auch die Ratschläge, die Antonius gibt. Sie sind echte Lebenshilfe, weil sie dem eigenen Leben abgerungen sind. Er gibt nur weiter, was er selbst erfahren hatte.

Den Zweiflern sagt er:

Blicke nicht zurück!
Bleibe auf dem Weg!
Übe dich täglich!

Den Ängstlichen sagt er:

Denke positiv!
Du bist nicht allein!
Stelle dich auf die Seite des Lichtes!

Den Gottsuchern sagt er:

Habe das Licht stets vor Augen!
Lies die Heilige Schrift!
Wo du auch sitzt, da geh nicht so schnell wieder fort![18]

Es kommen verunsicherte Menschen. Sie leiden unter der Eifersucht anderer. Andere fühlen sich ständig beobachtet, glauben, jeder Schritt von ihnen werde kontrolliert. Sie fühlen sich verfolgt und haben das Gefühl, man wolle ihnen nur Böses. Ihnen zeigt Antonius einen Weg der Befreiung. Er sagt: Überprüfe, ob das, was dich verfolgt, wirklich von außen oder aus deinem Inneren kommt! Denn oft verhalten sich die Menschen so gegen uns, wie sie uns antreffen. Was wir von uns denken, das steigern sie. Sind wir ängstlich, dann steigern sie unsere Angst. Ist unsere Seele aber erfüllt von den positiven Gedanken, richtet sie ihren Blick immer wieder auf das Vollkommene, den „Schatz im Himmel", dann weichen alle Bedrängnisse.

Es kommt ein ehrgeiziger Mensch. Schon viele weise Frauen und Männer hatte er besucht, um von ihnen den richtigen Weg zur Vollkommenheit zu erfahren. Der Ruf des Antonius war auch zu ihm gedrungen. Er denkt, Antonius sei aus seinem Holz geschnitzt. Ein Mann, der Mut zu radikalen Entscheidungen hatte, der sich durch nichts vom einmal eingeschlagenen Weg abbringen lässt. So will auch er sein. Bei einem Meister hatte er die Kunst des Bogenschießens geübt. Nun will er den Weg des Antonius kennen lernen und sucht ihn in der Wüste auf.

Da er Antonius in heiterem Gespräch bei gutem Essen antrifft, ist er entsetzt und macht ihm Vorwürfe. Er denkt, der Weg ins Labyrinth sei ernst, mühsam und voller Entbehrungen.

Antonius lächelt gütig und fragt:

Du gehst den Weg des Bogenschießens?

Der Mann nickt.

Und nun bist du in die Wüste gekommen,
um das Geheimnis
meines Weges kennen zu lernen?

Erneut nickt der Besucher zustimmend.

Lege einen Pfeil auf deinen Bogen und spanne die Sehne!

Der Bogenschütze tut, wie ihm Antonius geheißen hat. Er legt den Pfeil auf den Bogen und spannt die Sehne. Dann hält er sie mit aller Kraft und voller Konzentration gespannt.

Antonius fordert ihn auf, die Übung zu wiederholen. Wieder spannt er den Bogen. Dann wird er ein drittes Mal zu der Übung aufgefordert.

Der Bogenschütze sagt:

Ich sehe, dass du von der Kunst,
den Bogen zu spannen, nichts verstehst.
Denn wenn ich weiter so fortfahre,
wird er zerbrechen.

Antonius antwortet:

So ist es auch mit der Suche nach dem Vollkommenen.
Wenn wir uns über das rechte Maß hinaus
anstrengen wollten,
dann würden wir ziemlich schnell zerbrechen.
Es ist also angebracht,
die Anspannung dann und wann zu lockern.[19]

Als der Bogenschütze das hört, sieht er Licht am Ende seines Weges. Der Weg beginnt mit dem Loslassen. Er mündet in Gelassenheit. Gelassenheit heißt Leben aus der Mitte. Die Mitte aber bedarf eines besonderen Schutzes. Auch deshalb hielt sich Antonius von den Siedlungen der Menschen fern. In seiner Heimat Afrika und in Asien ist das Labyrinth kein Symbol der Selbsterkenntnis. Labyrinthe wollen hier den ungebetenen Besucher abschrecken. Ihre Aufgabe besteht darin, einen verborgenen Mittelpunkt zu schützen. Vor dem Eingang vieler asiatischer Labyrinthe steht daher nicht „Erkenne dich selbst!", sondern: „Bleibe fern!" oder „Meide diesen Ort!"

Antonius war Ägypter, Bewohner des schwarzen Kontinentes. Ausgehend von Kreta verbreitete sich das Labyrinth in zwei Richtungen um die Erde. Der westliche Weg reichte über den griechischen Kulturraum nach Skandinavien, die britischen Inseln, Irland, Island und die Küsten des Eismeeres. Der östliche Weg ging über Afghanistan, Pakistan, Indien, Nepal nach Amerika. Bevor wir mit dem Labyrinth von Chartres in den vertrauten europäischen Kulturraum zurückkehren, halten wir in dem folgenden Wendepunkt inne und richten den Blick gen Osten.

DRITTER WENDEPUNKT:
DER ÖSTLICHE WEG DES LABYRINTHES

> „Ein Labyrinth ist der zuweilen
> magische Schutz eines Mittelpunktes."
>
> Mircea Eliade

Der Buddhismus gehört zu den großen alten Religionen Asiens. Auch seine Meister lehren Gelassenheit und die Kunst des Lebens aus der Mitte. Auf seiner langen Reise durch den indo-muslimischen Kulturraum kam das Labyrinth mit dem Buddhismus und Hinduismus, und seit dem siebten Jahrhundert nach Christus auch mit dem Islam in Berührung. Wann die östliche Ausbreitung des Labyrinthes begann, ist nicht genau festzumachen. Vielleicht fand es durch den Indienfeldzug (327 v. Chr.) Alexanders des Großen den Weg über den Khyber-Pass, der heute die Grenze zwischen Pakistan und Afghanistan bildet. Das Labyrinth wurde zu einem Symbol für den Wohnort von Menschen: das Haus und die Höhle. Beide haben als Vorbild die erste „Wohnstätte" des Menschen, den Mutterleib.

Das Gesicht der Frau – Pakistan

„Dschungel", „Dickicht" und „Labyrinth" sind beliebte Metaphern zur Kennzeichnung des Lebens in der Großstadt. Für die Katholische Akademie in Berlin Anlass genug, ein „geistliches Kolloquium" zum Thema „Im Labyrinth der Stadt und des Lebens" (19.–23. April 2000) zu veranstalten. Die Architektur der westlichen Großstädte hat jedoch keinen Labyrinthcharakter. Stadtpläne und Wegweiser ermöglichen jederzeit die Orientierung. Meine erste Labyrintherfahrung mit einer Stadt machte ich Ostern 1997 in Peshawar, der Grenzstadt am Khyber-Pass.

Die Siedlungen aus tausenden von Lehmhäusern glichen einem undurchdringlichen Irrgarten. Nicht nur, dass Straßenschilder fehlten und kein Stadtplan existierte, der hier hätte Orientierung schenken können. Es war für mich im Gewirr der Straßen und Gassen kein System zu erkennen. Ich besitze einen guten Orientierungssinn, aber hier versagte er mir seinen Dienst. Erst später erkannte ich den Sinn der labyrinthischen Bauweise. Die Verwirrung und Desorientierung des Europäers war gewollt. Man kann sie als eine Art Abwehrzauber bezeichnen. Denn die Wegführung durch die Lehmhäuser sollte jeden Fremden abschrecken. Besser er traute sich nicht ins Gewirr der Gassen. Dem Kundigen aber waren die schmalen Pfade, durch die kaum ein Eselskarren passte, kein Irrgarten, sondern ein Labyrinth, in dessen Mitte das eigene Haus sicher geschützt lag. Ich aber, der Fremde, blieb draußen vor der Tür.

Auf dem Altstadt-Basar von Peshawar verlor ich ebenso schnell die Orientierung und erlag einer anderen Magie, dem Verführungszauber der Kaufleute. Im Labyrinth des Basars soll sich der Fremde treiben lassen, nichts Konkretes suchen, damit jeder beliebige Artikel ihn finden und zum Objekt der Begierde werden kann.

Mein Sohn Jaakob und ich hatten australische Freunde besucht. Sie arbeiteten in Afghanistan auf der anderen Seite des Khyber-Passes. Aus Sicherheitsgründen lebten sie jedoch mit den Kindern in einem Stadtviertel Peshawars, das hauptsächlich von Ausländern bewohnt wurde. Eines Tages ergab sich die Gelegenheit, ein afghanisches Haus in einer jener Labyrinth-Siedlungen zu besuchen. Wir waren von Shir Mohammed zu einem Besuch seiner Familie eingeladen worden. Mein Sohn war damals zehn Jahre alt. Sein Alter sollte ihm beim Besuch der Labyrinthstadt entscheidende Privilegien verschaffen, wie sich bald herausstellte.

Shir Mohammeds Familie wohnte in einem Dorf außerhalb Peshawars. Unser Gastgeber war Afghane, genauer gesagt Pathane, gehörte also zu jenem unbeugsamen Volksstamm im Grenzgebiet zwischen Afghanistan und Pakistan, der sich weder dem britischen und russischen Imperialismus noch der Regierung Pakistans je gebeugt hatte.

Das Grenzgebiet im Nordwesten Pakistans heißt Tribal Area. Die politische Macht wird hier wie in alttestamentarischer Zeit von Stammesfürsten ausgeübt. Wir hatten die Festungen der Warlords auf der Fahrt zum Khyber-Pass gesehen und hätten gern eine von ihnen besucht. Unser Begleiter, ein bewaffneter pakistanischer Soldat, aber winkte ab. Nicht einmal kurz anhalten durfte der Fahrer. Die magische Ausstrahlung der Festungen reichte bis an den Straßenrand.

Schließlich erreichten wir Shir Mohammeds Haus. Es bestand aus einzelnen geschlossenen Räumen, die kreisförmig um einen Innenhof gebaut waren. In der Mitte dieses Labyrinthes spielte sich das Leben der Großfamilie ab. Obwohl wir seine Gäste waren, blieb uns jedoch der Eintritt in den innersten Bezirk verwehrt. Er ist für jeden Fremden und jeden, der nicht zur Familie gehört, tabu.

In einem Gästezimmer außerhalb der Mauern wurden wir untergebracht. Bald war der Raum mit Männern gefüllt. Wir hockten auf dem Boden und tranken grünen Tee. Plötzlich erhoben sich alle und legten die rechte Hand aufs Herz, denn ein Weißbart mit weißem Turban betrat das Zimmer. Der Stammesälteste begutachtete die Gäste, fand alles in der rechten Ordnung und eröffnete das

Mahl. Nebenbei wurden die Waffen vorgeführt und viel erzählt von Ehre, Krieg und dem Willen Allahs. Hinter der Lehmwand des Gastraumes musste wohl die Küche liegen, denn zuweilen drangen Geräusche der geschäftigen Frauen durch die Mauern. Welches Geheimnis schützten die Mauern? Es war das unverhüllte Gesicht der Frauen. Nur Jaakob durfte es sehen, weil er noch ein Kind war.

Prinzessin Shamaili – Afghanistan

Das Labyrinth schützt den Mittelpunkt. Gerade deshalb fordert es den Abenteurer und heimlichen Geliebten heraus, einen geheimen Zugang zu finden. Das ist der Stoff, aus dem Scheherazade in den *Geschichten aus 1001 Nacht* jede Nacht von Neuem schöpft. In Afghanistan erzählt man die Geschichte vom Haus der Shamaili, einem Palast in Labyrinthform, wie ihn der Legende nach bereits Salomo für seinen Harem hatte errichten lassen. Shamaili ist die Tochter des Königs Khunkhar. Der König hatte seine Tochter demjenigen versprochen, dem es gelänge, den Weg durchs Labyrinth zu finden und seine Tochter zu erblicken.

Bis auf den heutigen Tag ist die pathanische Frau in der Öffentlichkeit durch einen Ganzschleier, den Burqa, vollständig verhüllt. Auch das Gesicht ist hinter einem Gitternetz aus Stoff verborgen. Selbst der Bräutigam sieht nicht eher in die Augen seiner Braut, bis sie sich ihm in der Hochzeitsnacht enthüllt. Der Blick eines Fremden ins ungeschützte Gesicht einer Ehefrau wäre eine so große Verletzung der Ehre, dass sie nur durch Blutrache gesühnt werden könnte. So ist es nur folgerichtig, dass derjenige, dem es gelänge, Shamaili zu sehen, sie nicht nur heiraten darf, sondern auch muss. Denn im innersten Bezirk des Labyrinthes, dem Innenhof des Hauses, geht sie selbstverständlich unverschleiert.

König Khunkhar hatte seine Tochter nicht nur im Labyrinth versteckt, sondern auch gedroht, er werde jeden Bewerber, der Shamaili nicht finde, auf der Stelle erhängen lassen. So machten sich nacheinander sechs Prinzen, Söhne des Königs Namazlum auf den Weg ins Labyrinth, fanden die Prinzessin nicht und wurden getötet. Im Haus des Königs Khunkhar darf über den Tod der sechs Brüder nicht gesprochen werden. Erst als der jüngste und siebte Sohn mit Namen Jallad Khan erwachsen geworden ist, erfährt er vom Geheimnis der Brüder. Er beschließt sie zu rächen und die schöne Shamaili zu heiraten. Wie Troja und Jericho nur durch eine List zu bezwingen waren, so auch das Labyrinth der Shamaili.

Jallad Khan begibt sich an den Hof des Königs Khunkhar und arbeitet dort unerkannt als Gehilfe des Bildhauers Butkash. Wie Troja durch das hölzerne Pferd, so wird das Labyrinth der Shamaili durch ein hohles Standbild erobert. Jallad Khan lässt es von Butkash nach seinem Ebenbild anfertigen und schlüpft hinein. Der Bildhauer lenkt die Neugierde des Königs auf das Standbild. Auf dessen Gebet hin belebt es sich und beginnt zu tanzen. Als die Prinzessin Zeugin der Verwandlung wird, möchte sie das Standbild besitzen und lässt es auf ihr Zimmer bringen. Um Mitternacht entsteigt ihm Jallad Khan, geht auf die schlafende Prinzessin zu, wechselt mit ihr einen Ring und schlüpft wieder in seine Hülle zurück. Am nächsten Morgen entdeckt Shamaili den fremden Ring und erschrickt. Sie ahnt, dass die Statue ein Geheimnis birgt, und als es wieder Nacht geworden ist, spricht sie den Unbekannten an. Jallad Khan gibt sich zu erkennen und wird zehn Nächte lang Liebhaber der Prinzessin.

Der König aber wird mit einem weiteren Trick überlistet. Nun, da Jallad Khan das Herz der Prinzessin erobert hat, geht er voll Hinterlist auf König Khunkhar zu und sagt, er wolle die Probe bestehen und den Weg ins Labyrinth finden. Der König stimmt zu. Shamaili aber übernimmt den Ariadnedienst und weist Jallad Khan den Weg zur Mitte. Beide heiraten. Jallad Khan aber rächt seine sechs Brüder, indem er dem König die Augen aussticht.

Wie alle Geschichten des Orients, so hat auch diese eine verborgene Seite, deren Bedeutung sich dem westlichen Leser nicht sogleich erschließt. Wir leben in einer anderen Welt. Das östliche Frauenbild ist uns fremd. Dieser Wohnort in der Mitte des Labyrinthes erinnert uns an ein Gefängnis. Vielleicht können wir die Geschichte vom Haus der Shamaili nur wörtlich verstehen. Im Sufismus, der islamischen Mystik, ist dieses wörtliche Verständnis gleichbedeutend mit Unverständnis. Der Mystiker lehrt einen Blick hinter den Schleier der sichtbaren Welt. Wer ist Shamaili? Warum wollen sämtliche Prinzen zu ihr? Und warum gelingt es nur demjenigen, der den längsten Atem hat? Shamaili ist die Seele. Shamaili ist jede Frau. Das Labyrinth ist ihr Haus.

Chakra-vyuha – Indien

Indische Frauen tragen keinen Burqa und leben nicht hinter Mauern. Doch auch sie kennen das Labyrinth als ein Symbol des Hauses. Die Inder nennen das Labyrinth „Chakra-vyuha" oder „Abhyumani-Yantra". „Chakra" bedeutet „Rad" oder „Kreis", „vyuha" heißt „Schlachtordnung". Heute wird das Chakra-vyuha als Türschwellenzeichnung und zur Geburtshilfe eingesetzt. Es gehört ausschließlich in Frauenhand. Männer dürfen es nicht zeichnen. Vor dem Hauseingang wird ein etwa ein Quadratmeter großer Raum mit dem Besen gereinigt und mit Wasser besprengt. Anschließend lässt die Hausfrau weißes Pulver oder auch Mehl durch die Hand gleiten und zieht ohne abzusetzen die Linien des Labyrinthes. Das Ritual wird vor Sonnenaufgang vollzogen und jeden Morgen während des Unglücksmonats Margali von Mitte Dezember bis Mitte Januar wiederholt.

Abb. 14: Türschwellenzeichnung als Chakra-vyuha,
nach Kern, S. 425, Abb. 607

Weit verbreitet sind in Indien auch Tätowierungen in Labyrinthform. Sie werden mit Henna auf Arme oder Schultern gezeichnet.
Labyrinth-Amulette sollen die Geburt für Mutter und Kind erleichtern. Das Sieben-Gänge-Labyrinth steht in Beziehung zu den
sieben Chakren und den sieben inneren Räumen des Uterus', durch
die das Kind bei der Geburt seinen Weg finden muss. Ein zeit-
genössisches indisches Geburtsritual empfiehlt: Man nehme einen
Teller aus Bronze und zeichne auf seine Fläche ein Sieben-Gänge-
Labyrinth aus Safran, der mit Wasser aus dem heiligen Fluss Gan-
ges befeuchtet wurde. Anschließend fülle man die gesamte Fläche
des Tellers mit Gangeswasser, vermische es mit dem Labyrinth und
gebe es der Gebärenden zu trinken, so werden die Schmerzen
nachlassen und die Geburt bald eintreten.

In der westlichen Welt hatte sich die Vorstellung, der Mutterleib sei ähnlich wie ein Labyrinth aufgebaut und der Fötus müsse bei der Geburt sieben Gänge durchgleiten, bis in die Zeit Leonardo da Vincis (1452–1519) erhalten. In einer anatomischen Studie zeichnete der Universalkünstler und Erfinder eine Koitusposition im Längsschnitt. Der Uterus ist dabei in sieben Zellen aufgeteilt.

Wie heute noch in Indien, so war auch im Westen das Labyrinth über Jahrhunderte ein Frauensymbol. In den Megalithgräbern Westeuropas sind zahlreiche Labyrinthe neben Schlangenspiralen, Sonnen, Lebensbäumen oder -säulen als Symbole der Lebenserneuerung und der Hoffnung auf Wiedergeburt zu finden. Die lebenerzeugende Vulva ist durch Dreiecke oder Rhomben dargestellt. Im Grab von Knowth/Irland (3500 v. Chr.) bildet die Vulva das Zentrum des Labyrinthes. Auch zur Aura von Delphi gehörte eine dunkle Erdspalte, die tief hinab in den Mutterschoß der Erde führt. Der Name „Delphi" weist bereits auf die Verbindung des Ortes zur Muttergottheit hin, denn „delphys" bedeutet „Mutterschoß". Wie das Labyrinth in die verborgenen Innenräume des Herzens, so führte die Erdspalte von Delphi in den Schoß der Mutter Erde.

Yogini Pitth – Südindien

Auch im Hinduismus ist das Labyrinth ein Symbol für den Schutz der Mitte. Diese wird Atman genannt und ist identisch mit dem Absoluten, dem Brahman. Das Atman wird durch den Atem erfahren. In der Meditation kann der Mensch lernen, zu diesem Wesenskern vorzudringen und sich über diese Erfahrung mit Brahman, der Weltseele, dem Absoluten zu vereinigen. In Indien gibt es zahlreiche Steinsetzungen in Labyrinthform, ähnlich den skandinavischen Trojaburgen, die von Yogins als Meditationshilfe benutzt werden. Das Rhanipur Jharial 64 Yogini Pitth in Orissa/Südindien hat einen Durchmesser von 25 Metern und ist 64 weiblichen Yoginis gewidmet.

Für den indischen Umgang mit dem Labyrinth ist die Übereinstimmung der sieben Gänge mit den sieben Chakren (Energiezentren) ausschlaggebend. In der Meditation wird die Wirbelsäule des Menschen mit der Weltachse gleichgesetzt. Der Makrokosmos hat im Mikrokosmos des Menschen sein Spiegelbild, so wie Brahman im Atman. Die Atemzüge werden mit den kosmischen Winden verglichen. So wie die Luft das Weltall durchweht, so durchströmt der Atem den ganzen Menschen. Auf die rechte Atemtechnik kommt es sowohl bei der leiblichen wie spirituellen Geburt an. Das Labyrinth hilft, die Wehen der Frau und das Wehen des kosmischen Atems in Übereinstimmung zu bringen.

Die Chakra-Meditation kann im Labyrinth vollzogen werden oder im geistigen Durchschreiten eines Labyrinthes. Dabei werden die sieben Chakren den sieben Gängen zugeordnet. Sie heißen: Das Wurzel-Chakra (1). Es liegt an der Basis der Wirbelsäule. Ihm folgt das Genital-Chakra (2), das Nabel-Chakra (3), das Herz-Chakra (4) und das Hals-Chakra (5). Das Stirn-Chakra (6) oder dritte Auge liegt zwischen den Augenbrauen. Es gilt als Sitz der Erkenntniskraft. Auf dem Haupt liegt das Scheitel-Chakra (7). Es bezeichnet die transzendente Ebene.

Buddha – Nepal

Auch der Buddhismus kennt das Labyrinth als magischen Schutzraum. Eine beliebte buddhistische Lehrerzählung (Jataka) erzählt die Geschichte von der Flucht und Rettung des Prinzen Vessantara. Er ist die vorletzte Inkarnation des Gautama Buddha (560–483 v. Chr.). Weil er einen weißen Elefanten, der in einem magischen Regenzauberritual eine zentrale Rolle spielte, verschenkt hatte, soll er verbannt werden. Er flieht mit seinen beiden Kindern und seiner Frau Madri an den Fuß des Himalaya. Dort gelangt er in einen Dschungel, so dicht gewachsen und undurchdringlich für den Unberufenen wie der Wald um den Berg der Erlösung, auf dem die Gralsburg steht. Auch dieses Dschungellabyrinth liegt auf einem Berg. Der Prinz und seine Familie finden einen schmalen Pfad in die Mitte, wo sie sich zwei Hütten bauen lassen. Hier leben sie sieben Monate lang asketisch. Auf buddhistischen Bildern und geflochtenen Grasmatten wird diese Zeit der Stille mit einem Sieben-Gänge-Labyrinth vom kretischen Typ und zwei Hütten in der Mitte dargestellt. Das Labyrinth ist die Höhle. In ihr findet der Mensch in Zeiten der Not Zuflucht.

Über den Pazifik – Arizona

Die Vorfahren der Hopi-Indianer brachten das Labyrinth über die Inseln des Pazifiks in die neue Welt. Auf Tahiti werden noch heute die Boote mit Labyrinthmustern zum Schutz vor der rauhen See geschmückt. Die Hopis nannten das Labyrinth „Mutter Erde". In ihrem Siedlungsgebiet zwischen dem Colorado River und dem Rio Grande verbreitete es sich auch unter anderen Stämmen, so zum Beispiel bei den Pima. Der spanische Missionar Juan Mentuig zeichnete 1762 als erster Europäer ein indianisches Labyrinth auf. Es ist bei den Pima-Indianern als „Haus des Tcuhu" noch heute sehr beliebt.

Sie erzählen dazu folgende Geschichte: In der Urzeit wohnte das Volk der Pima noch im Schoß der Mutter Erde, war darin warm und behütet und ohne Zeit. Dann kam die Stunde, da es geboren werden sollte. Mutter Erde suchte einen Geburtshelfer. Häuptling Tcuhu bot sich an, in ihren Dienst zu treten. Er verwandelte sich in die Gestalt eines Erdhörnchens, grub einen spiralförmigen Gang in die Mutter Erde und führte das Volk der Pima hinaus ins Licht des Tages. Seit der Zeit verehren die Pima- und die Hopi-Indianer die Sonne als ihren Vater und die Erde als ihre Mutter.

Zur Erinnerung an den Geburtstag des Volkes zeichnete Häuptling Tcuhu ein Labyrinth. Er gab ihm den Namen „Mutter Erde".

Die Hopi-Indianer nennen es „Tápu'at", das bedeutet „Mutter und Kind". Für sie bildet das Labyrinth einen heiligen Raum. Es ist ein Symbol für den Uterus. Sie sagen: Wenn ein Mensch krank wird oder seelische Probleme hat, wenn er traurig ist und am Sinn des Lebens zweifelt, dann solle er sich an die Mutter Erde wenden. Sie werde ihrem Kind helfen.

Das Labyrinth ist ein Ort der Heilung. Als Häuptling Tcuhu einst von einer Übermacht weißer Männer verfolgt wurde, suchte er nach einem Zufluchtsort, an dem er sich vor seinen Feinden verstecken konnte. Er rief die Mutter Erde an. Da fand er den Eingang zu einem Labyrinth, schlüpfte hinein und versteckte sich dort, bis die Gefahr vorüber war.

Wege verschmelzen – Kalifornien

In Kalifornien mischen sich die Kulturen. Hier hat Sig Lonegren aus der ursprünglich indischen Chakra-Meditation ein Ritual zur Entscheidungsfindung und Lebenshilfe für Menschen der westlichen Welt entwickelt. Die sieben Gänge durch das Labyrinth stehen dabei für unterschiedliche Entscheidungsebenen. Bevor man das Labyrinth durchschreitet, sollte ein Problem, für das die Lösung gesucht wird, formuliert werden. Sig Lonegren gibt folgendes Beispiel von einem verheirateten, doch kinderlosen Ehepaar aus St. Louis: Beide sind berufstätig. Der Ehemann bekommt ein attraktives Angebot für eine neue Tätigkeit in Kalifornien. Das Gehalt würde sich verdreifachen. Wie soll er sich entscheiden?

Mit dieser Frage erfolgt der Eintritt ins Labyrinth im dritten Chakra. Er steht für die kognitive Dimension der Entscheidungsfindung. Hier wird die rationale Seite des Problems bedacht: Fakten, logische Schlussfolgerungen, Argumente. Welche Gründe sprechen für den Umzug? Welche dagegen? Wie würde der Umzug organisiert werden?

Das zweite Chakra beleuchtet die emotionale Seite des Problems: Gefühle, Wünsche, Hoffnungen, Fantasien. Dabei sind sowohl die eigenen Gefühle als auch die Emotionen des Partners zu beachten. Entscheidungen haben nicht nur eine rationale oder emotionale Dimension, sondern auch eine materielle. Das erste Chakra, im Außenkreis des Labyrinthes gelegen, steht in Beziehung zur materiellen Seite der Wirklichkeit. Hier sind beispielsweise die konkreten finanziellen Vorteile zu bedenken.

Das vierte Chakra führt wieder in die Mitte. Es ist das Herz-Chakra. Deshalb wird im vierten Gang des Labyrinthes die spirituelle Seite des Problems meditiert. Es mag finanzielle Gründe für den Berufswechsel geben, klimatische für den damit verbundenen Wohnortswechsel nach Kalifornien, emotionale, weil die neue Tätigkeit das Selbstwertgefühl erhöht – doch was nützt es dem Menschen, wenn er die ganze Welt gewönne und nähme Schaden an seiner Seele? Das von Sig Lonegren vorgestellte Paar ist bereits materiell gut abgesichert, aber die Beziehung krankt an einer mangelnden Übereinstimmung in spiritueller Sicht. Auf der Ebene des vierten Chakras wird diese Dimension bedacht. Ihr schließt sich folgerichtig das Chakra sieben an. Das Scheitelchakra verbindet den Menschen mit dem Göttlichen. Es steht dem Wurzelchakra, der physikalischen Dimension, gegenüber, ist seine Ergänzung und sein Gegenpol. Chakra sieben gibt Raum für ein Gebet oder eine Segensbitte. „Gott, hilf mir!", „Mein Schutzengel führe mich!"

Das Problem wurde bisher auf materieller, emotionaler, rationaler und spiritueller Ebene reflektiert. Chakra sieben leitet über zu einer weiteren Dimension der Entscheidungsfindung. War bisher die linke Gehirnhälfte aktiviert, so soll nun die rechte Hälfte sprechen, der Sitz der Kreativität und der Intuition. Chakra sechs ist der Sitz des dritten Auges. Jetzt muss sich der Meditierende den inneren Bildern und Stimmen gegenüber öffnen. Was sagt meine innere Stimme? Welche Visionen tauchen auf?

In dem Beispiel von Sig Lonegren antwortet die innere Stimme: „Gehe nicht nach Kalifornien!" Wer die Chakra-Meditation ernst nimmt, entwickelt bei zunehmender Übung eine erhöhte Achtsamkeit für diese Stimme der Intuition. Sie ist die Stimme der Kreativität, aus der neues Leben, neue Entdeckungen und Erfindungen kommen. Unsere Natur ist so eingerichtet, dass die Rationalität sogleich gegen die Stimme der Intuition zu argumentieren beginnt. Die Emotionalität wird gleichfalls Gründe gegen ein Ernstnehmen der inneren Stimme anführen können. Deshalb rät Sig Lonegren auf der nächsten und letzten Stufe, dem fünften Chakra, Vernunft und Gefühl in den bewussten Dienst der Intuition zu stellen. Ihre Aufgabe ist es, den Traum, die Fantasie oder die Vision ins Leben zu holen.

Chakra fünf ist das Halschakra, der Sitz des Kehlkopfes und der Stimmbänder. Auf der Ebene des fünften Chakras sollen die Dinge ihren Namen bekommen, konkrete Entwicklungsschritte werden bedacht. Der Mann in dem Beispiel sagt: „In Ordnung, ich bleibe in St. Louis. Aber was werde ich hier konkret ändern, damit unser Leben wesentlicher wird?" In der Mitte des Labyrinthes erfolgt ein Innehalten. Das Bewusstsein soll sich mit Leere füllen. Dann beginnt der Rückweg durch die Chakren fünf, sechs, sieben, vier, eins, zwei und drei. In Chakra fünf wird die intuitive Antwort besiegelt, Chakra sechs wiederholt die innere Stimme oder das innere Bild. Chakra sieben gilt dem Dank an Gott oder den Schutzengel. Die folgenden Chakren sind jeweils der spirituellen, materiellen, emotionalen und rationalen Seite der konkreten Umsetzung der Intuition gewidmet.

Mag sein, dass viele Menschen in Asien von solchen Sorgen träumen möchten. So muss unser afghanischer Freund Shir Mohammed seit Jahren von Frau und Kind getrennt leben und in Pakistan arbeiten. Mag sein, der Ägypter Antonius hätte gesagt, der junge Mann solle weder in St. Louis bleiben noch nach Kalifornien gehen, sondern seinen Schatz im Himmel suchen. Und doch hätten beide seine Entscheidung nachempfinden und respektieren können. Denn die Meditation im modernen Chakra-Labyrinth weist zurück auf einen alten Weg der Konzentration auf das Wesentliche. Was ist das Wesentliche? Die Antwort des Labyrinthes von Chartres lautet: die Liebe.

DAS LABYRINTH VON CHARTRES: EIN WEG DER LIEBE

„War es nicht Wunder?
O staune, Engel, denn wir sinds,
wir, o du Großer, erzähls,
dass wir solches vermochten (…)
Chartres war groß."

(Rainer Maria Rilke,
Duineser Elegien VII)

Im Sommer 1991 fuhren Eleonora, unsere drei Kinder, unser Hund und ich in die Bretagne. Bei der Fahrt durch Frankreich planten wir einen Besuch der gotischen Kathedralen von Chartres und Amiens. Die Städte lagen auf dem Weg. Bis zu diesem Zeitpunkt hatte ich weder eine romanische noch gotische Kirche mit bewusstem Blick besucht. Warum zogen mich diese Orte jetzt magisch an? Es war nicht das Interesse an Architektur oder Kunstgeschichte. Eher die Ahnung, dass ich dort finden würde, was ich gerade in meiner damaligen Lebensphase dringend brauchte. Was es wäre, hätte ich nicht genau sagen können. Eine Einsicht, ein Fenster zum Himmel, einen neuen energetischen Strom.

Im Jahre 1989, als die Mauer in Berlin fiel, öffnete sich auch in mir jene Mauer, die zuweilen den Blick auf die Mitte versperrt. Die Pforten zur unsichtbaren Seite der Wirklichkeit wurden wieder durchlässig. Jeder erfährt den Ruf solcher Stunden. Er kommt aus der Mitte und führt zu ihr hin. Wir müssen nur achtsam sein.

Zuerst besuchten wir Chartres und wandelten staunend, den Kopf in den Nacken gelegt und zu den bunten Glasfenstern hinaufblickend, durch diesen Dom aus Licht. Die Ursprünge der Kathedrale liegen im Dunkeln der Zeiten. Im hohen Mittelalter war Chartres eine Schule des Wissens und der Weisheit. Die Kinder aber interessierten sich vor allen Dingen für ein Kleidungsstück, das im Altarraum ausgestellt war. Sie hatten sogleich die Aura gespürt, die von ihm ausging. Es musste etwas ganz Besonderes sein, denn viele Menschen knieten davor. Ihre Gesichter waren voller Andacht. Einige hatten die Augen geschlossen, hielten Ketten mit kleinen Holzkügelchen in den Händen und murmelten dazu leise Gebete, andere entzündeten Kerzen. Der vierjährige Jaakob fragte: „Warum beten die Franzosen Kleidungsstücke an?" Der Blick in den Kirchenführer gab Auskunft. Vor uns ausgestellt war das „Heilige Hemd", die „Sancta Camisia". Maria soll es getragen haben, als ihr der Engel Gabriel erschien und die Geburt Jesu ankündigte. Das „Heilige Hemd" ist eine Kontaktreliquie höchster Güte.

Unsere Kinder kamen das erste Mal mit katholischem Brauchtum in Berührung. Sie kannten bisher weder das Rosenkranzgebet noch wussten sie, was eine Reliquie war. Der Sinn der Reliquienverehrung erschloss sich ihnen jedoch sogleich. Denn für sie war es nur folgerichtig, dass gläubige Menschen Erinnerungsstücke von den heiligen Frauen und Männern aufbewahrten, die ihnen ein Vorbild waren: eine Locke vom Haupte Buddhas, ein Fußabdruck des Propheten Mohammed, ein Splitter vom Kreuz Jesu oder eine Feder vom Engel Michael. Kinder sind auf eine besondere Art „Reliquiensammler" von seltsam geformten Wurzeln, Muscheln und Steinen, Bildern und Fotos, zerliebten Teddies und zerfetzten Schmusetüchern.

Diese Gegenstände waren ohne jeden materiellen Wert. Nur mit den inneren Augen konnten sie angemessen betrachtet werden. Sie waren den Kindern heilig, nicht nur, weil sich an sie Erinnerungen an wunderbare Augenblicke knüpften, sondern weil sie das einst Erlebte auf geheimnisvolle Weise gegenwärtig hielten. Die Zeit war in ihnen aufgehoben. Es gab keine Vergangenheit mehr. Alles war reine Gegenwart. Aber Muschel, Stein und Schmusetuch hatten eine reale Vergangenheit. Es gab Zeugen für ihren Fundort oder ihren nächtelangen Gebrauch.

„Ist das Hemd echt?", fragte Johannes. Meine spontane Antwort war: „Ich weiß es nicht." Ich wusste es wirklich nicht. Überall auf der Welt werden Kleider oder Teile der Kleidung, die Maria bei der Ankunft des Engels getragen haben soll, ausgestellt. Einen ganzen Kleiderschrank könnte man damit bestücken. Im historisch nachweisbaren Sinne können gar nicht alle Reliquien echt sein. Aber kam es darauf an? Selbst wenn das ausgestellte Hemd der Maria nachweislich nicht echt gewesen wäre, wäre es dann nicht durch das über ein Jahrtausend während Gebet von ungezählten Menschen echt geworden? So ergänzte ich meine Aussage: „Aber ich glaube, dass es durch die Anbetung geheiligt worden ist."

Wir zündeten fünf Kerzen an, dazu jeweils eine für die Großeltern, und wandelten weiter durch den Dom aus Licht. Erst draußen, als ich bei einem Glas Wein im Bistro saß und den Reiseführer studierte, stieß ich zufällig auf das Labyrinth von Chartres. Es wurde nur kurz ohne jeden Kommentar über seine spirituelle Bedeutung erwähnt. Der im Kirchenladen vertriebene reich bebilderte Führer von Malcolm Miller *Die Kathedrale von Chartres* (1991) erwähnt das Labyrinth an keiner Stelle und verzeichnet es nicht einmal auf dem Grundriss. Hatten wir es übersehen? War es inzwischen aufgehoben worden?

Wir gingen noch einmal in die Kathedrale zurück und fanden es nicht. Die Kinder wurden müde. Sie legten sich auf die Stühle, die im Mittelschiff der Kathedrale standen. Plötzlich rief Hannah: „Da ist das Labyrinth!" Es war in den Fußboden eingelassen. Weil Stühle es bedeckten, war es aber kaum zu sehen. Wir kauften eine Postkarte mit dem Labyrinth und reisten weiter.

Vier Wochen später fuhren wir aus der Bretagne über die Normandie zurück. Wir wollten die Nacht in Amiens verbringen. In der Kathedrale von Amiens waren wir fast allein. Von irgendwoher erklang mittelalterliche französische Musik. Anders als in Chartres war hier das Mittelschiff von Stühlen freigeräumt. So lag das Fußbodenlabyrinth in voller Größe vor uns. Rasch hatten es die Kinder betreten und begannen einen Wettlauf durch die Gänge. Bald verteilten sie sich über die ganze Fläche des Labyrinthes. In gleichmäßigen Schwingungen, mal nach rechts, dann nach links pendelnd, umkreisten sie die Mitte wie Planeten die Sonne. Immer wieder führte sie der Weg aufeinander zu. Dann ging jedes in eine andere Richtung. Vor meinen Augen entstand das Bild eines pulsierenden Universums. Es dehnte sich aus und zog sich wieder zusammen. Ja, es schien zu atmen, und ich spürte, wie sich mein Atem beruhigte.

Beim nächsten Gang durchschritten wir gemeinsam das Labyrinth. Hannah bewegte sich tanzend, Jaakob schloss die Augen und ließ sich von Johannes eine Zeit lang führen, Eleonora stand mit geschlossenen Augen in der Mitte. Ich folgte den Kindern in ruhiger Schrittfolge. Die Bilder dieses Sommers zogen vor meinem geistigen Auge vorbei: die steinzeitlichen Alignements von Carnac mit ihren gewaltigen Granitsteinen, der sagenumwobene Wald Brocèliande, in dem der Legende nach König Artus und die Ritter der Tafelrunde lebten und liebten, in dem Parzival den Gral und Gawan das Abenteuer suchten und in dem der Zauberer Merlin begraben wurde. Ich sah den Engel golden leuchtend auf der Abteikirche des Mont-St.-Michel, die gestickten Bilder von der Eroberung Englands durch die Normannen auf dem Teppich von Bayeux, das Elternhaus der Heiligen Thérèse von Lisieux. Alles war plötzlich gegenwärtig, als hätte das Labyrinth die Vergangenheit wie ein unsichtbarer Magnet angezogen: die Kelten und Ritter der Tafelrunde, die Mönche und normannischen Krieger, die zweite Nationalheilige Frankreichs und die Gaumenfreuden des Meeres.

Da erlebte ich, was ich heute einen Moment der Einsicht oder einen epiphanen Augenblick nenne. In ihm verdichten sich Wahrnehmungen und Erinnerungsspuren aus verschiedenen Zeiten und unterschiedlichen Orten zu einer Erfahrung realer Anwesenheit. Im Leben erscheint plötzlich ein Ordnungsmuster. Aus ihm leuchtet die Mitte hervor. Das Labyrinth war dieses Ordnungsmuster. Es hatte zu mir „gesprochen". Auch zu den Kindern? Ich behielt meine Erfahrung für mich, aber ich wusste jetzt: Wir sind auf der Reise ins Labyrinth des Lebens gemeinsam unterwegs zur Mitte. Jeder geht auf seine Weise, folgt seinem eigenen Rhythmus, seiner eigenen inneren Stimme und seiner Berufung. Dennoch gehören wir zusammen und bilden eine Einheit. Jeder ist unterwegs zur eigenen Mitte, aber er geht den Weg zur Mitte nicht allein. Das war ein Paradox.

Beim Gang durch das Labyrinth spürte ich, dass viele Wesen aus der sichtbaren und unsichtbaren Welt mit uns gehen. Das Labyrinth wurde für mich zu einem heiligen Raum mit einer anderen Zeitrechnung. In dieser Zeit war der Alltag unterbrochen. Uhren konnten sie nicht messen. Vergangenheit und Zukunft wurden in ihr zu realer Gegenwart. Das Labyrinth hat eine sichtbare und eine unsichtbare Seite. Die sichtbare Gestalt des Labyrinthes kann ein Heckenlabyrinth, eine Zeichnung in einem Buch, ein Foto oder ein Bodenlabyrinth wie in Chartres sein. Die unsichtbare Seite des Labyrinthes ist der geistige Raum. Auf ihn kommt es an. Jeder Gang durch ein Labyrinth will den Labyrinthgänger in diesen spirituellen Raum neuer Erfahrungen führen. In der Sprache Jim Morrisons: „Break on through to the other side!" Alles Sichtbare verweist auf das Unsichtbare, alles Sichtbare ist Symbol der geistigen Welt.

Das achteckige Labyrinth, durch dessen Gänge wir in Amiens gegangen waren, war eine Rekonstruktion aus den Jahren 1894–1897. Anfang des 19. Jahrhunderts hatte man das mittelalterliche Labyrinth zerstört und zwischen 1827 und 1829 ein neues errichtet. Das ursprüngliche Labyrinth aus dem Jahre 1288 lag wie die moderne Rekonstruktion an der gleichen Stelle im Mittelschiff unter dem vierten und fünften Joch. Der Durchmesser betrug 12,14 Meter. Im Zentrum des Labyrinthes befand sich ein Kreuz, über dessen Enden vier kleine Engel aus weißem Stein schwebten. Diese himmlischen Wegbegleiter sind Ende des 19. Jahrhunderts nicht rekonstruiert worden. Davon wusste ich nichts, als wir im Sommer 1991 das Labyrinth durchschritten. Aber ihre unsichtbare Anwesenheit hatte ich erfahren.

Wieder Zuhause in unserem 200 Jahre alten niedersächsischen Fachwerkhaus angekommen, suchte ich nach Informationen über das Labyrinth von Chartres. Ich schlug das große Werk des Wiener Kunsthistorikers Hans Sedlmayr *Die Entstehung der Kathedrale* (1950) auf. Fehlanzeige. Auch in Georges Dubys berühmtem Werk *Die Zeit der Kathedralen* (1976) fehlte das Labyrinth. Ich wunderte mich; gibt es doch noch heute mittelalterliche Fußbodenlabyrinthe in den Kathedralen von Arras, Bayeux, Chalons-sur-Marne, Cremona, Reims, St. Omer und Sens.

Neun Jahre nach unserem Besuch der Labyrinthe von Amiens und Chartres geschah eine Wende. Plötzlich erwachte das Interesse an den alten Labyrinthen wieder. Am 30. April 2000 weihte Pfarrer Francois Legaux unter dem Motto „Lasst uns mit Maria gehen" das Labyrinth von Chartres. In Maria, so Pfarrer Legaux, verkörpere sich die Kraft des positiven Denkens und der Bejahung des Lebens. Alle, die nach dem Sinn des Lebens suchen und sich nach spiritueller Nahrung sehnen, die Kraft tanken wollen, alle Trauernden und die von Dankbarkeit erfüllten, sind zu einem Gang durch das Labyrinth eingeladen.

Woher kommt das wieder erwachte Interesse an den Labyrinthen? Gewiss besteht ein Zusammenhang mit dem Anbruch des dritten Jahrtausends. Wir suchen nach einer neuen Ordnung. Das Labyrinth gehört zu den Ursymbolen der Menschheit. Es hat einen möglichen Ausdruck in den sakralen Räumen des Mittelalters ge-

funden. Doch ging sein ursprünglicher spiritueller Sinn in der Neu-
zeit verloren. Erst jetzt erschließt er sich uns wieder neu.

Das jüngste Kirchenlabyrinth (1977) befindet sich auf dem Trep-
penabsatz des nördlichen Zugangs zur Krypta des Kölner Doms. Es
wurde vom Dombaumeister Arnold Wolff entworfen. Das älteste
Kirchenlabyrinth stammt aus der Reparatus-Basilika von Orléans-
ville (El Asnam) und wurde im Jahre 324 gebaut. An ihrer Stelle
steht heute die Kathedrale von Algier. In der Mitte dieses Labyrinthes befindet sich nicht – wie sonst bei römischen Fußbodenlaby-
rinthen häufig – eine Darstellung von Theseus' Kampf gegen den
Minotauros (Minotauromachie), sondern ein zweites quadratisches
Buchstaben-Labyrinth. Jede Reihe enthält dreizehn Buchstaben.
Ausgehend von dem Buchstaben „S" in der Mitte ergeben sich zahlreiche Möglichkeiten, die Worte „Heilige Kirche" („sancta eclesia")
zu lesen. Von jedem Endpunkt des Kreuzes entsteht erneut das
Wort „eclesia" (eigentlich: „ecclesia") in der oberen und unteren
Richtung.

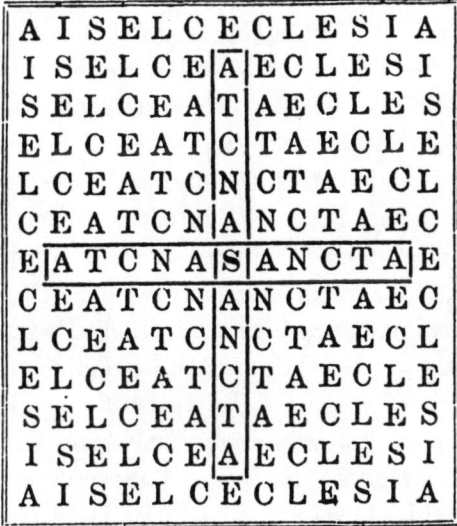

Abb. 15: Sancta Eclesia – Heilige Kirche, nach Kern, S. 119, Abb. 117

Warum hatte ich vor dieser Reise kein Interesse an der Kunst der Gotik entwickelt? Vielleicht, weil mir der Schlüssel zu ihrem Geheimnis fehlte. Man kann vor den Megalithen von Stonehenge oder den Pyramiden stehen und den gewaltigen Kraftakt bewundern, den Menschen hier vollbracht haben. Die hohen Gewölbe der Dome aus Licht versetzen uns in Staunen über die Kunst der Baumeister. Doch innerlich bewegt werden wir erst, wenn sich uns die verborgene spirituelle Bedeutung offenbart. Dann überschreiten wir das Sichtbare und erkennen, dass alles Irdische nur ein Gleichnis ist. Der Gang ins Labyrinth enthüllt das Geheimnis von Raum und Zeit.

Welche spirituelle Bedeutung haben Raum und Zeit im Labyrinth? Labyrinth und Kathedrale verweisen beide auf eine Wirklichkeit hinter den Dingen. Jedes Detail ist sichtbarer Ausdruck dieser unsichtbaren Wirklichkeit. Die Kathedrale gilt nicht nur als Abbild des Himmels, sie ist der Himmel auf Erden. Den Touristen allerdings bleibt diese spirituelle Dimension zumeist verborgen. Sie öffnen die Eingangstür unter dem großen Westportal mit der Westrose, betreten das Mittelschiff und stehen vor dem Labyrinth, sie laufen quer über die Gänge und gehen weiter zu einem der Glasfenster, der Wurzel Jesse, der Menschwerdung oder der Maria Magdalena. Wer das Labyrinth bewusst durchschreitet, der ist für kurze Zeit im Himmel. Das Zahnrad am Rand des Labyrinthes dient jedoch nicht der Messung der irdischen Zeit. Nicht Sekunden, Minuten und Stunden können abgelesen werden. Dazu fehlt das Zifferblatt. Die Zeit im Labyrinth ist eine Zeit zum Träumen, himmlische Zeit und kurzes Eintauchen in die Ewigkeit. Um sie zu erfahren, müssen wir den Weg zur Mitte gehen. Er ist ein Weg der Achtsamkeit.

Der Erbauer des Labyrinthes ist unbekannt. In Amiens und Chartres war es jedoch üblich, das Labyrinth auch „Haus des Daedalos" („Maison Dèdalus") zu nennen. Daedalos galt bekanntlich als Architekt des Labyrinthes von Kreta. Die Kathedrale von

Chartres wurde am 24. Oktober 1260 geweiht. Das Labyrinth hat einen Durchmesser von 13 Metern, der Durchmesser der Mitte beträgt drei Meter. Unter ihr soll der Architekt seine letzte Ruhestätte gefunden haben. In der Mitte anderer Kirchenlabyrinthe werden Theseus und der Minotauros oder Christus und der Teufel dargestellt. Aus der Sicht mittelalterlicher Christen ist Theseus der Vorläufer Christi.

Der Weg zur Mitte misst 294 Meter. Das ist, wie wir gleich sehen werden, kein Zufall. Der Weg windet sich durch elf Gänge, 28 Wendepunkte von 180 Grad und sechs Wendepunkte im Winkel von 90 Grad. Die Mitte besteht aus sechs Blütenblättern. Der Rand des kreisförmigen Labyrinthes hat die Form eines Zahnrades mit 113 Zähnen und 112 Zwischenräumen. Berücksichtigt man den freien Platz am Eingang mit, ergeben sich 114 Zähne.

Abb. 16: Labyrinth von Chartres, nach Kern, S. 225, Abb. 255

Das Labyrinth von Chartres ist ein Abbild der Liebe, die hinter der gesamten Schöpfung steht. Jede Reise schenkt neue Erfahrungen mit dieser wunderbaren Kraft der Wandlung und Erneuerung. Deshalb kann der Weg zur eigenen Mitte mehrfach beschritten werden. Bei jedem Gang zur Mitte enthüllen sich neue geheimnisvolle Hinweise auf die sichtbare und unsichtbare Welt. Jeder Gang will bewusst beschritten werden. Sieben Stufen der Annäherung bieten sich an. Sie können überall mit Hilfe einer Kopie des Labyrinthes von Chartres vollzogen werden.

Erste Stufe: Wendepunkte und Perspektivenwechsel

Gehen wir mit wachem Sinn ins Innere der Kathedrale. Worauf achten wir? Den Sonnenstand! Wo steht die Sonne? Es ist noch früh am Morgen. Sie steht im Osten. Dort liegt der Altar, wie bei jeder christlichen Kirche der westlichen Welt. Dort „wohnt" Maria. Der Muslim verbeugt sich beim Gebet nach Mekka, der Christ in Richtung Jerusalem. Im Osten geht die Sonne auf. Sie ist ein Symbol des Lebens. Im Westen geht sie unter. Hier ist die Welt der Dunkelheit und des Todes. Nicht zufällig gehen wir von Westen aus in die Kathedrale. Wir lassen alles Dunkle, Abgestorbene hinter uns, öffnen die Tür zur Kathedrale – und stehen vor dem Labyrinth. Das Fußbodenlabyrinth erteilt uns eine erste Lehre. Es stellt sich uns in den Weg. Wir wollen weiterschreiten und werden plötzlich in unserem Drang nach vorn unterbrochen. Wir müssen innehalten. Das Labyrinth der Liebe unterbricht den Lebenslauf, es zwingt uns, Umwege zu gehen. Es will durchschritten und erfahren werden.

Der Weg zur Mitte ist ein Weg der Einswerdung. Er beginnt links. Das ist kein Zufall. Zur Linken liegt die Welt des Schattens, zur Rechten die des Lichtes. Weil beide Welten zu unserem Leben gehören, wechselt die Bewegungsrichtung im Labyrinth ständig. Wir gehen hinein und haben das Gefühl, gleich in der Mitte zu sein. Der Weg geht zuerst direkt auf sie zu. Dann aber schwenkt er nach links, macht im ersten Quadranten eine Wende um 180 Grad nach rechts und führt nach einer Linksbiegung wieder direkt auf die Mitte zu. Eigentlich wären wir am Ziel, wenn uns nicht eine kleine schwarze Linie von ihr trennte.

Wieder beginnt das Labyrinth zu „sprechen": Wie oft sind wir nach kurzer Anstrengung dem Ziel ganz nahe gekommen und merken dann, wie weit der Weg noch ist! Wie viele Umwege mussten wir gehen! Kein Labyrinth erweckt in dem Labyrinthgänger soviel Hoffnung, keines versetzt uns in einen derartigen Höhenflug, um anschließend unsere Geduld zu prüfen. Die Wege werden länger, umkreisen aber noch eng die Mitte. Unsere Blickrichtung ändert sich dabei. Wir wechseln die Perspektive.

Drei Mal werden wir direkt an die Mitte geführt, dann aber geht der Weg immer weiter nach außen. Zuerst führt uns die Bewegung zur Mitte, doch je weiter wir schreiten, desto mehr entfernen wir uns vom Ziel, bis wir am Ende wieder im Außenkreis angekommen sind. Scheinbar laufen wir auf den Ausgang zu. Aber wir befinden uns nicht in einem Irrgarten. Denn plötzlich geht es über einen letzten Wendepunkt direkt in die Mitte. Wir sind angekommen, schließen die Augen und atmen durch.

Auf der ersten Stufe der Reise ins Labyrinth von Chartres sollen sich unsere linearen Denkgewohnheiten ändern. Die Weisheit des Labyrinthes lautet: Nicht der gerade Weg führt zum Ziel, sondern der Umweg. Das Labyrinth von Chartres lädt ein, über Lebenswege und Wendepunkte im Leben nachzudenken und die Erfahrungen auszutauschen.

Lebenswege:

In jedem Lebenslauf gibt es einen verborgenen roten Faden.

Der Plan enthüllt sich schrittweise.

Jeder Lebensweg hat Hindernisse und Wendepunkte.

Wir können auf dem Lebensweg nicht verloren gehen.

Der Weg gehört zum Ziel.

Mal sind wir der Mitte ganz nahe,
dann entfernen wir uns wieder von ihr,
doch am Ende erreicht jeder Mensch das Ziel.

Du gehst nicht allein.

Jeder Mensch befindet sich an
einer anderen Stelle auf dem Lebensweg:
Einer steht am Anfang,
ein anderer in der Mitte,
ein dritter befindet sich auf dem Rückweg.

Das Schritttempo der Menschen ist unterschiedlich.

Jeder folgt seinem eigenen Lebensrhythmus.

Jeder hat seine eigenen Fragen und Probleme auf dem Weg.

Manchmal dauert der Weg länger als geplant.

Jeder Wendepunkt schenkt einen Perspektivenwechsel.

Umwege führen zum Ziel.

Wir wissen nicht, wann wir das Ziel erreichen werden.
Oft kommen wir plötzlich und unerwartet ans Ziel.

Das Ziel kann hinter jeder Wegbiegung liegen.

Nutze den Tag und die Stunde!

Vor dir war bereits jemand in der Mitte.

Du kannst in der Mitte nicht auf Dauer bleiben.

Wo der Weg anfängt, da endet er auch.

Der Anfang ist das Ende, das Ende der Anfang.

Eins ist das All.

Auf dem Weg zur Mitte stellen sich Erfahrungen ein. Man kann sie in der Stille des Herzens bewegen und für sich bewahren oder ihnen durch Schreiben, Malen, Erzählen oder Beten Ausdruck verleihen. So wandelt sich der Innenraum des Herzens in sichtbare Gestalt. Durch ein Gedicht, ein Bild, eine Collage, ein Gebet können wir unseren Gefühlen, Gedanken, Ahnungen, unseren Träumen und Visionen, unseren Wünschen und Ängsten Gestalt verleihen. Im kreativen Prozess findet unsere Seele Ausdruck und Befreiung. Das Unbewusste wandelt sich in Bewusstsein. Der Ariadnefaden unseres Lebens wird sichtbar. Er ist unsere Lebenslinie, der rote Faden unseres Lebens. Die Arbeit mit dem Labyrinth hilft uns, den Erfahrungen auf die Spur zu kommen, die uns geprägt haben. Eingang, Wendepunkte und die Mitte markieren Stationen unseres Lebensweges. Sie stehen für Aufbruch, Weg und Ziel.

Der Weg durchs Labyrinth besteht aus Wendepunkten. Das sind die Momente im Leben, die uns geprägt haben. In ihnen wurden wir zu dem, was wir sind. Der Text unserer Biografie wurde geschrieben. Wendepunkte sind Augenblicke höchster Erfahrungsdichte. Wir müssen umkehren, gewinnen eine neue Perspektive.

Wendepunkte sind heilige Momente. Bei unserem Gang durch das Labyrinth halten wir für einen Augenblick inne. Es ist, als würde die messbare Zeit für einen Sekundenbruchteil angehalten. Die Uhr scheint stillzustehen, und eine andere Zeitrechnung leuchtet für einen Augenblick blitzartig auf. Dies ist ein Augenblick aus Ewigkeit. In ihm geschieht Wesentliches, das uns in tiefster Seele ergreift.

In dieser „angehaltenen Zeit" öffnet sich eine Tiefendimension des Lebens. Wir „blicken durch", erkennen in kurzem Aufleuchten das, worauf es wirklich ankommt. Wir werden „erleuchtet". Dieses Licht kann schmerzhaft sein. Was uns in den Wendepunkten auf dem Weg zur Mitte begegnet, ist nicht allein das Gute, Schöne, Faszinierende, Erhabene. Es kann auch zugleich das Erschütternde, Schreckliche, Grauenhafte sein, die Erkenntnis unserer Schuld, die Mitteilung, dass eine Krankheit unheilbar ist. Im Wendepunkt herrscht heilige Zeit, Kairos. Was wir in ihr erfahren, wird uns ein Leben lang heilig bleiben. Die kreative Arbeit mit dem Labyrinth will uns eine Hilfe sein, diesen heiligen Momenten in unserem Leben auf die Spur zu kommen und den „Schatz im Himmel" hier auf der Erde zu finden.

Wendepunkte:

Die Erfahrung der Grenze

Heilung von körperlichen oder seelischen Leiden

Annahme des Unheilbaren an Seele und Körper

Eine Entscheidungshilfe suchen für den nächsten Lebensschritt

Die Sehnsucht nach genauer Kenntnis der eigenen Seele

Die Suche nach Selbsterkenntnis und Annahme des Schattens

Entdeckung verborgener Talente

Freisetzung von Kreativität

Schöpferische Entfaltung

Entdeckung des „roten Fadens" im eigenen Leben

Die Antwort auf die Frage:
Wozu bin ich auf der Welt?

Zweite Stufe: Unvollendetes

Die zweite Stufe weist den Weg der Zahlenmystik. Zeit und Raum haben im Labyrinth eine andere Qualität. Wir bemerkten es bereits. Die Zeit ist Traumzeit, der Raum ist heilige Geometrie. Die Länge des Weges zur Mitte, die Zahl der Gänge und Wendepunkte, die Zahl der Zahnräder am Rande und der Blütenblätter in der Mitte: alles hat eine spirituelle Bedeutung in der Welt der Zahlenmystik. Für die Pythagoräer symbolisierte die Eins Gott. Denn, so argumentierten sie, wie die Eins in jeder beliebigen Zahl enthalten ist, so wohnt auch Gott in allen Dingen. Der heilige Patrick benutzte bei der Christianisierung Irlands ein dreiblättriges Kleeblatt, um seinen Zuhörern zu veranschaulichen, dass sein Gott aus drei Personen bestand und doch nur einer war.

Um den Zahlenwert mehrstelliger Zahlen zu ermitteln, war es in der Zahlenmystik üblich, Quersummen zu bilden. Die Quersumme der Zahl 24 betrug beispielsweise 6 (2 + 4). Bei drei- oder vierstelligen Zahlen wurden solange die einzelnen Zahlen zusammengezählt und Quersummen gebildet, bis eine einstellige Zahl herauskam. So beträgt die Quersumme der Zahl 1984 nicht 22 ($1 + 9 + 8 + 4 = 22$), sondern 4, weil aus der ersten Quersumme 22 eine weitere ($2 + 2$) gebildet wird. Die Quersumme von 1955 ist nicht die 20, sondern die 2.

Die zweite Stufe ist der Elf gewidmet. Die Elf steht in der Mitte zwischen den Zahlen Zehn und Zwölf. Beide symbolisieren Vollkommenheit. In der jüdisch-christlichen Tradition ist die Zwölf ein Ariadnefaden, der auf dem langen Weg von Abrahams Kindern über die Entstehung der Kirche bis ins himmlische Jerusalem immer wieder aufleuchtet. Jakob hatte zwölf Söhne. Von ihnen, den Urvätern, stammen die zwölf Stämme Israels ab. Diesem Muster folgend, wählte Jesus zwölf Jünger. Johannes schaute während seines Exils auf der Insel Patmos das himmlische Jerusalem, eine Stadt mit zwölf Toren. Die Himmelsleiter des heiligen Benedikt hat zwölf Sprossen. In zwölf Stunden durchschreitet der Zeiger einmal den Kreis des Zifferblattes.

Zehn hingegen ist die Zahl der moralischen Orientierung. Sie erinnert an die zehn Gebote und an den griechischen Buchstaben X, das Zeichen für Christus. Die Zehn ist auch die Summe der ersten vier Zahlen ($1 + 2 + 3 + 4$). Zehn Saiten soll die Harfe Davids gehabt haben. Im Himmel wird die Menschheit einst den zehnten Chor der Engel bilden.

Wie keine zweite Zahl kommt die Elf der Zwölf nahe, doch fehlt ihr etwas zur Vollkommenheit. Als Judas den Herrn verriet, brach der Kreis der zwölf Jünger auseinander. Die Elf ist daher zugleich die Zahl der Erwählten und die Zahl des Mangels. Die Elf bedarf der Ergänzung und Vollendung. Die Elf steht für den Weg des Menschen durch die Welt, und sie verweist zugleich über die Welt hinaus auf die Mitte. Erst wenn die Mitte und der Weg zusammenfallen, entsteht wieder die Zwölf. Die Elf ist das Unvollendete in unserem Leben.

Dritte Stufe: Psychomachia

Die dritte Stufe ist eine Meditation über die Sieben. Unvollendetes drängt nach Vollendung. Im Ringen mit Licht und Schatten sucht die Seele ihre wahre Gestalt. Die Sieben symbolisiert den Raum dieses inneren Ringens um Vollendung. Im Labyrinth von Chartres gibt es 34 Wendepunkte. Sie bilden den Raum, in dem sich die Seele bewegt und Erfahrungen sammelt. Die Zahl 34 wird aus der Drei und der Vier gebildet. Das Geheimnis von Gott, Mensch und Erde kommen in ihr zusammen. Bildet man die Quersumme aus 34 (3 + 4), erscheint die Sieben. Als das Labyrinth von Chartres erbaut wurde, kannte jedes Kind die Bedeutung der Sieben. Sieben Tage hat die Woche, sieben Patriarchen zählte das Alte Testament, sieben Strophen hatte der berühmte Hymnus des Hrabanus Maurus *Veni creator spiritus*. Beliebte Siebenerreihen (Heptaden) waren:

Sieben Bitten des Vaterunser:

Dein Name werde geheiligt
Dein Reich komme
Dein Wille geschehe
Unser täglich Brot gib uns heute
Vergib uns unsere Schuld
Führe uns nicht in Versuchung
Erlöse uns von dem Bösen.

Sieben Tugenden:

Glaube, Liebe, Hoffnung,
Tapferkeit, Besonnenheit, Klugheit und Gerechtigkeit.

Sieben Lebensphasen Christi:

Geburt, Taufe, Passion,
Grabesöffnung, Auferstehung, Himmelfahrt, Wiederkehr

Sieben Sakramente:

Taufe, Eucharistie, Firmung (Sendung),
Versöhnung (Buße), Krankensalbung,
Weihe (Ordination des Priesters), Ehe

Die Sieben verweist auf die „sieben freien Künste" („septem artes liberales") des Mittelalters, den Kanon der Wissenschaften, aus dessen Geist die Kathedrale entstanden ist. Sie bilden sieben Wege der Erkenntnis der heiligen Ordnung: Arithmetik, Geometrie, Musik und Astronomie, auch „Vierweg" („Quatrivium") genannt, und den „Dreiweg" („Trivium"), bestehend aus Dialektik, Rhetorik und Grammatik. Nach antiker und mittelalterlicher Zählung betrug auch die Zahl der Planeten sieben: Erde, Mond, Merkur, Venus, Sonne, Mars, Jupiter und Saturn.

Jedes Licht wirft einen Schatten. Deshalb gehören zur Sieben auf der einen Seite die sieben Gaben des Heiligen Geistes (*Jesaja* 11.12 f.), auf der anderen Seite die sieben Laster oder Todsünden. Zwischen beiden muss sich die Seele entscheiden. Dieses innere Ringen wird auch als „Seelenkampf" („Psychomachia") bezeichnet. In ihm stehen sich gegenüber:

Psychomachia

Weisheit (sapientia) – Unzucht (luxuria)
Wissen (intellectus) – Völlerei (gula)
Rat (consilium) – Habgier (avaritia)
Tapferkeit (fortitudo) – Traurigkeit (tristitia)

Erkenntnis (scientia) – Zorn (ira)
Güte (pietas) – Hass (invidia)
Ehrfurcht (timor) – Hoffart (superbia)

Vierte Stufe: Erdung

Auf der vierten Stufe begleitet uns die Zahl Vier. Sie ist die Zahl der
Erde und des Erdenkindes Mensch. Am 26. Juni 2000 gab Craig
Venter, Leiter des Labors Celera Genomics, die Entschlüsselung
der letzten Sequenz des menschlichen Genoms bekannt. Das Erb-
molekül DNS (Desoxyribonukleinsäure) besteht aus den vier Ba-
sen: (A)denin, (T)hymin, (C)ytosin und (G)uanin. Aus den Buchstaben A, T, C und G ist das Buch des Lebens geschrieben worden.
Der Text besteht aus der Kombination von 3,2 Milliarden Basen-
paaren. Sie sind in Form einer Doppelspirale angeordnet. Die Spirale ist eine Urform des Labyrinthes. Das Buch der Natur kommt
mit den vier Buchstaben A, T, C und G aus. Der Text unseres Lebens, den Craig Venter am 26. Juni 2000 um drei Uhr früh (MEZ)
über die Nachrichtenagenturen verbreitete, sieht wie folgt aus:

„GAGGAT
TTCTAC
AACTAG
CAGTGT
TAG TAC
CAGGCA
ACCCAA
GCTATA"[20]

Zur gleichen Zeit veröffentlichte Kardinal Ratzinger in Rom ein
Faksimile der dritten Offenbarung von Fatima. In dieser Vision der
portugiesischen Nonne Sor Lucia wurde nach Auffassung des Paps-

tes Johannes Paul II. das Attentat vom 13. Mai 1981 vorausgesehen. Gleichzeitigkeiten stimmen uns nachdenklich. Denn nichts scheint auf den ersten Blick unvereinbarer als Gentechnologie und Theologie, das Buch der Natur und das Buch der Offenbarung. Und doch kommen sie auf der Ebene der Symbolik in der Zahl Vier zusammen. Aus vier Buchstaben besteht das Buch des Lebens, aus vier Buchstaben ist das hebräische Wort für „Mensch" gebildet: ADAM. Damit wird ursprünglich nicht der Mann bezeichnet, sondern der vollkommene Urmensch oder Adam Kadmon, von dem die Kabbala spricht. Der ADAM wird aus der Mutter Erde gemacht. Erde heißt im Hebräischen ADAMA. Gott haucht seinen Odem in das Kind der Erde. So sind wir durch unsere Seele dem Göttlichen und durch unseren Leib dem Irdischen verbunden. Himmel und Erde kommen in uns zusammen. Wir sind Kinder der Erde und zugleich Kinder des Lichtes.

Das Labyrinth ist der Erfahrungsraum, den das Erdenkind Mensch auf seiner Lebensreise durchwandert. Deshalb taucht die Vier immer wieder auf. Zuerst einmal hat das Labyrinth die Form eines Kreises. In der alten indischen Sprache Sanskrit heißt der Kreis „Mandala". Er ist Symbol der Vollkommenheit. Durch ein Kreuz ist der Kreis in vier Hälften geteilt. Im Osten, Süden und Norden werden die Wendepunkte durch insgesamt zehn Wegbegrenzungen in der Form einer Doppelaxt („labrys") getrennt.

Die Gliederung des Kreises in vier Hälften verweist auf die Erde und den Menschen. Zur Erde gehören die vier Jahreszeiten Frühling, Sommer, Herbst und Winter, die vier Elemente Wasser, Erde, Luft und Feuer und die vier Windrichtungen Osten, Süden, Westen und Norden. Der Garten in Eden hatte vier Flüsse: Euphrat und Tigris, Gihon und Pishon.

Zum Menschen gehören die vier Temperamente (Sanguiniker, Phlegmatiker, Choleriker, Melancholiker), die vier Kardinaltugenden (Tapferkeit, Gerechtigkeit, Besonnenheit und Klugheit), die vier großen Propheten (Jesaja, Jeremia, Ezechiel, Daniel) und die vier Evangelisten (Matthäus, Markus, Lukas und Johannes).

Nach der dritten Stufe, dem Ringen der Seele, führt die vierte Stufe zu einer Erdung. Mensch und Erde sind kein Zufallsprodukt. Wir dürfen uns auf die Lesbarkeit der Welt verlassen und Vertrauen haben in den Geist, der sich in der Ordnung der Natur zeigt.

Fünfte Stufe: Klarheit, Erleuchtung, Vollendung

Die Bewusstwerdung der Wendepunkte im eigenen Leben (erste Stufe), die Erkenntnis und das Eingeständnis des Mangels (zweite Stufe), das Ringen der Seele zwischen Licht und Schatten (dritte Stufe) fanden in der Beheimatung und Erdung (vierte Stufe) einen ersten Ruhepunkt. Doch nun geht der Weg der Seele weiter. Die fünfte Stufe gehört der Drei. Sie ist die Zahl des Seelenaufstieges. Ohne die Vier, ohne Erdung, würde sich die Seele auf dem weiteren Weg der liebenden Erkenntnis verlieren. Ihr Weg durch das Labyrinth folgt einem Dreischritt.

Der dreifache Weg:

Der Hinweg,
das Verweilen in der Mitte,
der Rückweg.

Jedem dieser drei Schritte haben die Mystiker des Mittelalters eine besondere Erfahrung zugeordnet. Bonaventura (1217–15. 7. 1274) trat 1243 zu Paris in den Franziskanerorden ein, 1257 wurde er zum Ordensgeneral, dem siebten Nachfolger des heiligen Franziskus gewählt. Seine Schrift *Über den Dreifachen Weg* gehört zu den einflussreichsten mystagogischen Schriften des Mittelalters. Mit dem Wort „Mystagoge" wird der spirituelle Führer bezeichnet. In ihr fasst Bonaventura zusammen, was seit Dionysios von Areopagita die gemeinsame Erfahrung aller Mystiker war, die sich auf den inneren Weg machten. Der *Dreifache Weg* ist eine Anleitung zur Gottesliebe.

Der Dreifache Weg im Labyrinth:

Hinweg – Mitte – Rückweg
Anfänger – Fortgeschrittener – Vollendeter
Meditation – Anbetung – Kontemplation
Selbsterkenntnis – Gotteserkenntnis – Liebe
Reinigung – Erleuchtung – Vollendung
Gottessucher – Gottesschau – Gottesträger
Christus – Gott – Heiliger Geist
Erlösung – Neugeburt – Vollendung
Seele – Geist – Körper

Auf dem Hinweg ist der Pilger noch ein Anfänger. Er geht den Weg, um seine Gedanken und Gefühle zu klären. Das Lesen spiritueller Werke und die Meditation können ihn dabei begleiten. Die Mystiker nennen diesen spirituellen Vorgang „Reinigung" („purgatio") oder „Läuterung". Sein Ziel ist die Selbsterkenntnis. Auf der nächsten Stufe folgt die Erkenntnis Gottes und die „Erleuchtung" („illuminatio") der Seele. In der Mitte verschmelzen Gott und Seele für einen Augenblick. Zu dieser mystischen Vereinigung (unio mystica) gehört die Drei. Denn die Mitte des Labyrinthes, der Ort, an dem sich Gott und Seele begegnen, misst einen Durchmesser von drei Metern. Gott ist unendlich geheimnisvoll. Für jeden gläubigen Menschen trägt er ein anderes Gesicht und wird an anderer Stelle seines Lebens bedeutsam. Dennoch haben sich in den Religionen bestimmte Formen des Redens von Gott bewährt. So sind die Götter im Hinduismus Ausdruck der vielfältigen und widersprüchlichen Aspekte des einen Gottes. Der Islam spricht von den einhundert Namen Allahs, die christliche Tradition vom „dreieinigen Gott" (Trinität).

Mit diesem Wort werden drei Erfahrungsaspekte Gottes bezeichnet: Gott ist der Schöpfer des Lebens. Durch seine Inkarnation hat er Anteil an seiner Schöpfung genommen. Er hat sie selbst erlebt, erlitten und die alten Spannungen gelöst. Durch den Geist ist er auch nach der Menschwerdung in der Schöpfung gegenwärtig. Weil der Hinweg zur Erlösung führt, kann er dem Erlöser zugeordnet werden. Er wird im Johannes-Evangelium als „der Weg" bezeichnet. Der Hinweg im Labyrinth ist Christus zugeordnet. Erst wenn sich unsere inneren Verspannungen, unsere falschen Einstellungen oder Vorurteile gelöst haben, können wir die Mitte betreten. In der Mitte wirkt die Schöpferkraft, aus der unser Leben erneuert wird. Der Rückweg ist dem Heiligen Geist, der Kraft der Liebe zugeordnet.

Der dreifache mystagogische Weg beleuchtet aber auch das Geheimnis unserer menschlichen Natur. Der Gang durchs Labyrinth führt zu einer ganzheitlichen Erfahrung von Seele, Geist und Körper. Die Seele fasst den Entschluss, das Labyrinth zu betreten. Auf dem Hinweg wird sie geläutert. In der Mitte wird unser Geist mit Gotteserkenntnis erfüllt. Auf dem Rückweg befindet sich der Vollendete (perfectio). Er bewahrt die Gotteserkenntnis in seinem Herzen und lebt auch im Alltag aus der Kontemplation, der inneren Versenkung in das göttliche Geheimnis. Deshalb bezeichnen ihn die Mystiker auch mit dem Wort „der Entflammte".

Es lohnt sich, Menschen beim Gang durch ein Fußbodenlabyrinth zu beobachten und teilzuhaben an ihrer Freude, der inneren Ruhe oder Ergriffenheit, wenn sie die Mitte erreicht haben. Doch wie bewegen sie sich zurück, nachdem sie in der Mitte gewesen sind? Viele Anfänger meinen, sie hätten mit der Mitte das Ziel erreicht und schreiten anschließend glücklich über die Gänge hinweg. Die Fortgeschrittenen dagegen gehen voll Achtsamkeit den Weg zum Eingang zurück. Ist dieser Rückweg notwendig? Gewiss, denn wir gehen mit einem neuen Bewusstsein und haben eine andere Perspektive! Welcher Bergsteiger würde sich, wenn er den Gipfel erreicht hat, von einem Hubschrauber ins Tal bringen lassen? Der Rückweg ist Teil des Weges zur Mitte. Jetzt kennen wir Wegführung und Wendepunkte. Das Leben wird durchsichtig, das Grundmuster tritt hervor. Wir fangen an, im Buch unseres Lebens zu lesen.

Die Erfahrung der Mitte will aber auch „verarbeitet" werden. Das braucht Zeit. Wir kehren in den Alltag zurück. Die sichtbare Welt will vom göttlichen Geist durchdrungen werden. Die Mitte will in die Welt treten, in und unter uns leben. Das Licht der Mitte will den Alltag erhellen. Deshalb spricht der Rückweg in besonderer Weise den Leib an.

Auf dem Rückweg wird der Mensch zum „Gottesträger". Durch ihn wird die Liebe in die Welt gebracht. Aus ihm leuchtet das göttliche Licht. Auf dem Rückweg vollzieht sich die Bewusstwerdung. In einem zweiten Schritt kann aus ihr Mitteilung werden. Mitteilung heißt Erfahrung mit anderen Menschen teilen. So werden Verwandlungskräfte freigesetzt. Das Leben gewinnt eine neue Gestalt, die Welt wird neu geboren.

Die Mitte:

Mitteilen heißt teilen.
Wer sich mitteilt, steht zu seiner inneren Biografie.
Wer sich mitteilt, gibt Erfahrungen frei.
Wer sich mitteilt, löst sich aus der Schattenwelt.
Wer sich mitteilt, geht den Weg der Erlösung.
Wer sich mitteilt, verwandelt die Welt.
Mitteilen heißt, die Weisheit aus der Mitte teilen.

Eingang und Ausgang im Labyrinth sind eins. Der Weg zur Mitte beginnt im Westen, der Rückweg führt in die gleiche Richtung zurück. Wer aus der Mitte den Blick nach oben richtet, sieht in der Mitte der Westrose Christus sitzen.

Sechste Stufe: Die mystische Rose

Auf der sechsten Stufe begegnen uns die Zahl Sechs und das Symbol der Rose mit sechs Blütenblättern. In der jüdischen Überlieferung verweist die Sechs auf die Schöpferkraft. So wird der unendlich vielfältige Prozess der Entwicklung des Lebendigen in dem großen Ursprungsmythos der *Genesis* in sechs Phasen gegliedert: Die Erschaffung der Engel am ersten Tag. Dies ist die geistige Welt. Ihr folgt die Erschaffung der Lebensräume Himmel und Erde am zweiten Tag. Die Erde steht für das Reich des Mineralischen. Am dritten Tag werden Land und Meer geschaffen. Das organische Leben entwickelt sich: Die Pflanzenwelt, Kräuter und Bäume entstehen. Alles organische Leben braucht Licht. So werden Sonne, Mond und Sterne am vierten Tag erschaffen. Die Himmelskörper beeinflussen in vielfältiger Form das Leben. Der vierte Tag verweist auf die astrologischen Zusammenhänge, in die jeder Mensch eingebunden ist. Der fünfte Tag dient der Entfaltung der einfachen Lebensformen: Vögel und Fische entstehen, Lurche und Krokodile, Löwen und Elefanten. Am sechsten Tag wird der Mensch erschaffen.

Der Weg in die Mitte ist eine Zeitreise in den sechsten Schöpfungstag. Wer in die Mitte des Labyrinthes von Chartres kommt, fühlt sich wie neugeboren. Deshalb wird die Mitte des Labyrinthes immer wieder mit einem Uterus verglichen. Worin besteht die Neugeburt? Es ist die Erkenntnis: Ich bin nicht allein. Ich bin eingewoben in den Teppich des Lebens. Ich habe meinen Ort im Webmuster der Schöpfung. Die sechs Blütenblätter der Rose stehen – von links nach rechts gelesen für: das Reich der Engel, der Mineralien, der Pflanzen, der Sterne und der Tiere, die lebende Mitwelt des Menschen. Dem Menschen ist das sechste Blütenblatt zugeordnet. Es ist der Welt der Engel direkt benachbart.

Die Sechs verbindet den Menschen mit dem Kosmos und dem Göttlichen. In der Sechs vereinigen sich die Gegensätze von göttlicher Drei (Vater, Sohn, Heiliger Geist) und menschlicher Drei (Körper, Geist, Seele). Der Weg zur Mitte beträgt genau 294 Meter. Die Quersumme von 294 ist ebenfalls Sechs ($2 + 9 + 4 = 15 = 1 + 5 = 6$). Der Weg ist durch die Zahlensymbolik mit dem Zentrum verbunden. Mitte und Weg sind auf der sechsten Stufe eins geworden. Wir können auch sagen: Die Mitte ist überall, wo der Weg ist. Der Weg steht für den durchschrittenen heiligen Raum. Die heilige Zeit wird durch die Zahnräder symbolisiert. Zählt man den Eingang hinzu, beträgt die Zahl der Zahnräder 114. Die Quersumme ergibt wieder die Sechs. Damit wird eine Entfaltung der göttlichen Mitte in Raum und Zeit angedeutet.

Das Symbol der *Rose* ist in der jüdischen, christlichen und muslimischen Welt beheimatet. In der östlichen Welt ist die Lotusblüte das Gegenstück zur Rose. Während unserer Reise ins Labyrinth von Chartres blicken die Bildmotive der Westrose auf uns hinab. Sie haben die Gestalt eines Mandalas. In ihr kommen die großen Gegensätze des Lebens, die Kräfte der Auferstehung und des Todes, zu einer Einheit. Die Westrose (1215) stellt in zahlreichen Bildern den Augenblick der endgültigen Erkenntnis der Wahrheit des Lebens dar. Vor Christus, der in der Mitte der Rose als Weltenherrscher thront, und dem Engel Michael stehen die Auferstandenen. Er ist die Mitte, und in seinem Spiegel erkennen sie sich selbst und die Wahrheit ihres Lebens. Die Mitte des Labyrinthes steht in einer geheimen Beziehung zu Christus. Sie holt ihn vom Himmel auf die Erde.

Die Rose ist Symbol der Liebe, Ganzheit und Vollkommenheit. Im Geheimnis der Liebe heben sich die Gegensätze auf. Die Mystik spricht von einer coincidentia oppositorum, einer Einswerdung der Gegensätze. Der indische Mystiker Khwadscha Mir Dard (1721–1785) schreibt über die Rose:

„In der Versammlung sind Einzeldinge
der Welt nur eins,

Denn alle Blätter einer Rose bilden
zusammen eins.

Ein hundertfältig zerrissenes Herz,
das ist die lachende Rose –
Denn Fröhlichkeit sind und Gram in der Welt
verbunden im Zwillings-Lose.

Gleich sind an Form und Gestalt
Freude und Leiden: Die Rose –
Nenn' sie geöffnetes Herz,
nenn' sie gebrochenes Herz."[21]

Die Rose symbolisiert Schönheit und Liebe, zugleich aber auch
Vergänglichkeit und Tod. Der Tod wird zur Pforte eines neuen Lebens. Deshalb wird der Todestag der Märtyrer als „Geburtstag"
(„dies natalis") gefeiert. Die Rose erinnert an das Blut der Märtyrer.
Sie ist Zeichen der liebenden Hingabe des Menschen für die göttliche Welt. Die islamische Mystik kennt aber auch den umgekehr-
ten Fall einer Himmelsbewohnerin (Huri), die sich liebend der
vergänglichen Welt des Menschen zuwendet. Muhammad Iqbal
(1877–1948), der geistige Vater Pakistans, spricht vom himmlischen
Rosengarten:

„Im Himmelsrosenhag sprach eine Huri:
Ich habe nie, was jenseits ist, erkannt,
Was ist das: Tag und Nacht, Morgen und Abend?
Geburt und Tod, sie kennt nicht mein Verstand.'
Zum Dufthauch ward sie, sprosst' am Rosenzweige –
So setzte sie den Fuß in dieses Land.
Das Auge tat sie auf, ward Knospe, lächelnd,
Ward Rose – Blatt um Blatt fiel in den Sand,
Und von der Zarten, die die Fesseln löste
Blieb nur ein Ach – man hat es Duft genannt."[22]

Die Rose ist auch ein Attribut der Jungfrau Maria und zugleich der mütterlichen Liebesgöttin Frigga. Die germanische Göttin Holda wurde „Mutter Rose" genannt, Maria die „Rosa mystica". In Rom opferten die Prostituierten am 23. April der Bildsäule der Liebesgöttin Venus Rosen und Myrten. Im Märchen „Dornröschen" schläft das Mädchen während der Pubertät hinter einer Dornenhecke, in Goethes Ballade vom „Heideröslein" wird die jungfräuliche Rose gebrochen, also entjungfert. Der Islam verehrt die Rose als Zeichen des Propheten Mohammed. Denn nach der Legende verlor er während seiner nächtlichen Himmelfahrt einige Schweißtropfen. Sie fielen auf die Erde und wurden zu weißen Rosen.

Die sechste Stufe wäre jedoch unvollständig beschrieben, wenn nicht auch vom mystischen Schweigen die Rede wäre. So sehr die Erfahrung der Mitte nach Mitteilung drängt, bleibt sie doch im Letzten unsagbar. Das Geheimnis der Mitte liegt jenseits der Worte. Worüber man nicht reden kann, darüber muss man schweigen. Doch nicht nur die Sprachnot lässt den Mystiker verstummen. Die Erfahrung der Einswerdung von Gott, dem himmlischen Geliebten, und der Seele ist zu persönlich, zu intim, als dass sie an Unbefugte weitergegeben werden dürfte. Die Liebeserfahrung soll Geheimnis bleiben. Deshalb verbietet der rosenwangige Geliebte in den Versen des persischen Mystikers Maulana Dschelaladdin Rumi (1207–1273) jede Indiskretion:

„Von Rosen und vom Rosenhag
entschlüpft' ein Wort mir – und
da schlug der Rosenwangige
mich gleich auf meinen Mund."[23]

Siebte Stufe: Rituale

Das Grab des Mystikers Rumi in Konya ist das zentrale Heiligtum der Tanzenden Derwische. In kreisförmigen Bewegungen umtanzen sie es immer wieder neu. Auch Labyrinthe wollen wiederholt beschritten und durchtanzt werden. Auf jeder Reise erschließt sich eine neue Erfahrung. Erst in der regelmäßigen Übung und Wiederholung gibt das Labyrinth schrittweise sein Geheimnis preis. Rituale sind bewusst gestaltete Wiederholungen bestimmter Übungen. Sie schenken Vertrauen und geben der Seele Sicherheit. Unsere Achtsamkeit wendet sich dabei verschiedenen Aspekten des Labyrinthes zu. Wir können den Weg zur Mitte gehen und dabei über die geheime Bedeutung der Zahlen nachdenken: Welche Rolle spielt die Drei, die Vier, die Sechs, die Sieben oder die Elf in meinem Leben?

Labyrinthe wollen vor allen Dingen nachgebaut, verändert und dabei in das eigene Leben verwandelt werden. Der zur Zeit folgenreichste Nachbau des Labyrinthes von Chartres befindet sich in der Grace Cathedral in San Francisco. Deshalb halten wir an diesem vierten Wendepunkt inne und wenden den Blick ins sonnige Kalifornien. Hier an der Ostküste des Pazifiks erreichte das Labyrinth Amerika zum ersten Mal über den östlichen Weg. Jahrhunderte später ging es über Chartres den westlichen Weg.

VIERTER WENDEPUNKT: PRAKTISCHE ÜBUNGEN

> „To walk a sacred path is to know
> and trust that there is guidance to help
> us live our lives on this planet."
>
> (Lauren Artress,
> *Walking a sacred path*)

Wie wird jemand Labyrinthbauer? Lauren Artress verbrachte ihre Kindheit am Chagrin River/Ohio. In der freien Natur beobachtete sie mit immer neuer Begeisterung die Rhythmen des Lebens. Eines Tages wurde ihre Aufmerksamkeit auf einen Fischschwarm gelenkt, den sie von einer Klippe aus gut sehen konnte. Die silberne Haut der Fische spiegelte das Sonnenlicht wider. Der Schwarm bewegte sich in einer Ordnung. Bald erkannte Lauren Artress auch das Muster, dem er folgte: ein Rechteck. Dann – in blitzschneller Wendung um 180 Grad – wendete sich der Schwarm um und schwamm in die entgegengesetzte Richtung zurück. Plötzlich löste sich die Formation. Die Fische bildeten einen Kreis und schwammen um ein unsichtbares Zentrum, bis sie auch diese Ordnung wieder auflösten. Das Kind hatte kein Wort für das, was es gesehen hatte. Doch erlebte es den Tanz der Fische als Offenbarung eines tiefen verborgenen Sinns in der Schöpfung, einer heiligen Geometrie und eines sinnvollen Grundmusters der Welt.

Jahre später, Lauren Artress war inzwischen Pastorin an der

Grace Cathedral in San Francisco, entdeckte sie das Labyrinth von Chartres. Die Bewegung im Labyrinth erinnerte sie an den Tanz der Fische, den sie in ihrer Kindheit beobachtet hatte. Damit war das kalifornische Labyrinth-Projekt geboren.

Grace Cathedral – San Francisco

In San Francisco ließ Lauren Artress das Labyrinth von Chartres gleich dreifach nachbilden: als Fußbodenlabyrinth aus Terrazzo vor der Grace Cathedral, aus Segeltuch und als Teppich für das Kirchenschiff. Zu den besonderen Angeboten für Frauen („Women's dream quest – summer 2000") gehört eine Nacht im Labyrinth.

Besucher der Kirche werden dazu ermuntert, ihre Erfahrungen mit dem Labyrinth aufzuschreiben: Ein hochbetagtes Ehepaar durchschreitet es am Tag der goldenen Hochzeit voll Dankbarkeit für den gemeinsamen Lebensweg. Eine Hochschwangere wandelt ruhig durch die Gänge. Das gleichmäßige Schreiten wirkt beruhigend auf das Ungeborene und bereitet die Mutter mental auf die Geburt vor. Eine Frauengruppe geht Hand in Hand durchs Labyrinth. Es sind Krebspatientinnen. Das Labyrinth hilft ihnen, die psychosomatischen Folgen der Chemotherapie zu ertragen. Eine alte Dame setzt am Krückstock gehend Fuß vor Fuß; ein Therapeut kriecht auf allen Vieren; ein Kind lässt sich mit geschlossenen Augen von seinem Vater durch das Labyrinth führen. In der Mitte angelangt, öffnet es die Augen und fällt seinem Vater in die Arme. Eine junge Frau geht barfuß durch das Labyrinth und hält betend auf ihrem Weg zur Mitte inne. Vor kurzem hat sie ein Waisenkind adoptiert, ein Baby. Bei der ersten Untersuchung stellte sich heraus, dass das kleine Mädchen ein Loch in der Herzwand hat. Ihr Weg zu innerem Frieden, sagt sie, sei das ruhige Schreiten im Labyrinth. Es helfe die Gedanken zu konzentrieren, beruhige den Atem und führe zu innerem Frieden.

Grace Cathedral wurde im Jahre 1928 neu errichtet, nachdem der Vorgängerbau durch ein Feuer während des Erdbebens von 1906 zerstört worden war. Dieser wiederum hatte sich aus einer alten Kapelle der Goldgräber (1849) entwickelt. Grace Cathedral gehört zur anglikanischen Kirche, ist aber offen für alle Menschen, die sich auf die Suche begeben wollen: Gott neu entdecken, ihr Gewissen erleichtern, eine Last abwerfen, ein Gebet für einen geliebten Menschen sprechen, die Schönheit des heiligen Ortes in sich aufnehmen und für einen Moment Frieden finden wollen.

Orte der Kraft – Bauweisen

Lauren Artress gründete auch einen Verein der Labyrinthgänger. Sein Name lautet „Veriditas – The World Wide Labyrinth Project". Er hat sich die Aufgabe gestellt, ein weltweites Netzwerk für Freunde des Labyrinthes zu knüpfen. Damit an allen Orten der Welt, auf Seminaren, in Schulen, in Gefängnissen, Krankenhäusern, in therapeutischen Zentren und Frauenhäusern Menschen die heilende Kraft des Labyrinthes erfahren können, kam „Veriditas" auf die Idee, das Labyrinth von Chartres auf einem großen Segeltuch nachzuzeichnen. Der Stoff kommt aus Pakistan, die Gänge werden in San Francisco aufgemalt. Das Segeltuchlabyrinth hat den Vorteil, transportabel zu sein.

Begehbare Labyrinthe lassen sich auch auf andere Weise mit einer Gruppe leicht herstellen. Ein geeigneter Ort zur Errichtung eines Labyrinthes im Durchmesser von neun bis 16 Metern kann ein Feld sein, eine Lichtung im Wald, ein einsamer Strand, ein Schulhof oder ein Pfarrgarten. Nach einer Vorlage, etwa dem Sieben-Gänge-Labyrinth vom kretischen Typ oder nach einem eigenen Entwurf, wird hier das Labyrinth angefertigt.

Das Fußbodenlabyrinth kann mit weißer oder farbiger Kreide auf den Boden gezeichnet werden. Schulhöfe, die nachmittags leerstehen, eignen sich dafür besonders gut. Der nächste Regen beseitigt die Spuren. Leicht herzustellen sind auch Labyrinthe aus Sägespänen.

Ein dauerhaftes Labyrinth für Kinder können Eltern, Erzieherinnen und Lehrer auf Spielplätzen, in Kindergärten oder Grundschulen mit weißer Farbe ziehen. Reizvoller noch wäre ein Labyrinthmuster im Boden, das aus Blaubasalt und weißem Granit gesetzt ist.

Die Kräfte von Leben, Tod und Auferstehung werden nirgendwo so unmittelbar erfahren wie im Aufkeimen, Blühen und Vergehen der Pflanzenwelt. So bietet das Feldlabyrinth eine intensive Naturerfahrung. Die Wege im Feldlabyrinth werden durch Erdaushub erstellt. Die Wegbegrenzung sollte so breit sein, dass sie bepflanzt werden kann. Blumen, Kräuter und winterharte Stauden sollten in der Reihenfolge ihrer Blüte gepflanzt werden. Am Eingang des Feldlabyrinthes begrüßen den Labyrinthgänger Christrose, Winterlinge und Schneeglöckchen, vor der Mitte stehen blaue Astern. So wandelt sich die Gestalt des Feldlabyrinthes im Rhythmus der Jahreszeiten. Das Beschreiten eines Feldlabyrinthes lässt uns die Wachstumskräfte des Lebens erfahren. Im Werden und Vergehen der Blumen, Kräuter und Stauden betrachten wir den Rhythmus unseres Lebens von der Geburt über die Kindheit bis zur Reife, dem Altern und dem Tod.

Schon in den Märchen der Gebrüder Grimm findet sich eine Variante des Feldlabyrinthes aus Kieselsteinen. Als Hänsel und Gretel den Wald zum ersten Mal betreten, nehmen sie Kiesel mit, streuen sie unterwegs auf den Weg, damit sie später wieder nach Hause finden. Als die Geschwister später den Wald ein zweites Mal betreten, markieren sie den Weg mit Brotkrümeln. Vögel picken sie auf. So wird aus dem Wald ein Irrgarten.

Kieselsteine gibt es in allen Größen. Deshalb kann ein Labyrinth aus Kieseln sowohl im Freien als auch in einem Raum gelegt werden. Kiesel mit kleiner Körnung (18–30 mm) eignen sich auch gut, um auf dem Tisch kleine Labyrinthe zu legen. Gegenüber Feldsteinen haben Kiesel aufgrund ihrer glatten Oberfläche den Vorteil, dass sie beschriftet oder bemalt werden können.

Das Licht ist ein Symbol für Erkenntnis im weltlichen wie spirituellen Bereich. Wenn das Licht aufleuchtet, weicht die Dunkelheit. Das Licht des Glaubens erhellt dunkle Nächte. Mit Teelichtern lässt sich bequem ein Lichterlabyrinth legen.

Der meditative Weg ist jederzeit und an jedem Ort möglich. Was wir dazu brauchen ist die Grundrisszeichnung eines Labyrinthes, die wir mit den Augen so lange durchschreiten, bis das Labyrinth zu einem inneren Bild in unserem Herzen geworden ist. Dies ist der Weg des Antonius. Was uns auf diesem Weg begegnet, ist die eigene Lebensgeschichte. Unsere Erfahrungen auf dem Weg können in kreativer Arbeit, im Malen, Schreiben oder Gebet Ausdruck finden. Als Grundlage zu diesem Ritual dient die Kopie eines Labyrinthes. Zur Meditation ist eine Vergrößerung im Format DIN A2 oder A1 geeignet.

Erstes Ritual: Erfahrungen auf dem Weg zur Mitte

Vor dir liegt eine Kopie des Labyrinthes von Chartres im Format DIN A3. Durchschreite mit den Augen den Weg zur Mitte. Achte dabei auf die Gefühle und Gedanken, die sich einstellen. Eile nicht, verweile nicht. Achte auf den Atem. Nachdem du den Weg zur Mitte durchschritten hast, halte einen Augenblick in der Mitte inne. Schreite anschließend dem Ausgang entgegen. Halte erneut inne. Dann notiere mit einem Stift deine Gedanken und Gefühle in das Labyrinth. Beginne beim Eingang und schreibe so lange, bis du in der Mitte angekommen bist. Für die Beschriftung der Mitte finde ein Wort.

Dieses Ritual kann allein oder in einer Gruppe vollzogen werden. Das Vorlesen der Wege zur Mitte kann in einem weiteren Schritt das Sich-einander-Mitteilen der Erfahrungen möglich machen.

Die Labyrinthe von Epidauros, Ägypten und Chartres führen in sieben Stufen zur Mitte. Was sie uns bedeuten, können wir auf dem Weg eines Sieben-Gänge-Labyrinthes festhalten.

Zweites Ritual: Worte als Wegbegleiter

Wir gehen den Weg zur Mitte nicht allein. Vor uns sind ihn Menschen gegangen und haben ihre Erfahrungen in Worte oder Gebete gefasst. Manche sind uns aus der Seele gesprochen. Wir haben das Gefühl: Besser hättest du es nicht sagen können. Wir unterstreichen uns Sätze in unseren Lieblingsbüchern, schreiben sie in Tagebücher oder teilen sie Freunden in Briefen mit. Worte können Wegbegleiter zur Mitte sein.

Bei dieser Übung wird ein Spruch oder ein Wort in die Mitte geschrieben. Während wir den Weg zur Mitte gehen, denken wir darüber nach, was es uns zu sagen hat. Anschließend schreiben wir seine „Botschaft" auf den Weg zur Mitte. Für dieses Ritual sind besonders Worte geeignet, die in die Tiefe führen und unsere Nachdenklichkeit herausfordern. Worte, die sich sofort erschließen, bedürfen nicht der Meditation. Gut eignen sich Sprüche aus der Sammlung *Der cherubische Wandersmann* des schlesischen Mystikers Angelus Silesius:

> „Die Ros' ist ohn Warum,
> sie blühet, weil sie blühet.
> Sie acht nicht ihrer selbst,
> fragt nicht, ob man sie siehet."[24]

Drittes Ritual: Seelenbilder

Nach dem Gang durch das Labyrinth wurden im Heilungszentrum von Epidauros Ex-Voto-Tafeln aufgehängt. Sie dienten dem Dank für die Erfahrungen, die dem Labyrinthgänger zuteil wurden. Sie sind bis auf den heutigen Tag sichtbar gewordene Erfahrungen und Gebete. Die Pilger ließen sie meist aus Terrakotta anfertigen. Erfahrungen auf dem Weg durchs Labyrinth können auch wir mit Ton, Stein oder Yton gestalten. Leichter ist die Arbeit mit einer Fotocollage. Die Fotocollage ist ein Gebet ohne Worte, ein Seelenbild, das aus der Stille kommt. Sie ist ein Weg zur Freisetzung von Kreativität und Weisheit, ein Weg zur Mitteilung von Erfahrungen auf dem Lebensweg.

1. Schritt: Vorbereitung

Das benötigte Material besteht aus Kleister, Pinsel, Schere und einem großen Karton (DIN A 1). Dazu Bilder aus Magazinen, alten Kalendern, Postkarten, Fotos. In der Mitte des Kartons befindet sich die Kopie eines Labyrinthes. Das Material wird übersichtlich ausgebreitet.

2. Schritt: Innere Sammlung

Bevor die Fotocollage angefertigt wird, ist ein weiterer Schritt der Vorbereitung notwendig. Es gibt unterschiedliche Motive für die Anfertigung eines Seelenbildes:

Das Seelenbild ist:
die Bitte um Führung in einer bestimmten Lebenssituation,
ein Zeichen des Dankes, der Freude oder Erlösung,
ein Ausdruck von Schmerzen, Ängsten oder Unerlöstem,
die Bitte um Heilung für einen Freund oder Bekannten,

die Bitte um Heilung für sich selbst,
die Bitte um innere Führung durch den Schutzengel.

Die innere Sammlung kann durch eine spirituelle Atmosphäre gefördert werden. Ruhige meditative Musik, eine leuchtende Kerze, ein Gebet zu den Engeln mit der Bitte um Inspiration führen uns in die Stille. Wir schließen die Augen, lassen den Atem ruhig fließen und konzentrieren uns auf unser inneres Anliegen, das wir in ein Seelenbild verwandeln wollen.

3. Schritt: Gestaltwerdung

Aus der Stille auftauchend, suchen wir Bilder, die unserem Anliegen Ausdruck geben. Sie werden um das Labyrinth arrangiert. Ein Kommentar, ein Gedicht oder Gebet, ein passendes Zitat aus der Bibel, Dichtung oder Weisheitsliteratur kann unser Seelenbild ergänzen.

4. Schritt: Mitteilung

Die Erfahrung der Mitte drängt nach Mitteilung. In einer Gruppe können die Seelenbilder vorgestellt, betrachtet und kommentiert werden. Mit Hilfe von Farbkopien können sie an Freunde verschickt werden.

Viertes Ritual: Licht aus der Vergangenheit

Der Weg durch das Labyrinth führt nicht nur ins Geheimnis des eigenen Lebens. Er verbindet uns mit den Menschen, die vor uns das Labyrinth des Lebens durchschritten und über ihre Erfahrungen gesprochen haben. Wir leben auch von den Erfahrungen anderer. Die Schriften der großen Mystiker aller Religionen, Tagebücher, Gedichte helfen uns, die eigenen Erfahrungen besser zu verstehen und das gemeinsame Band zu entdecken. Es ist wichtig, diese Texte mit wachem Verstand zu studieren. Aber dies allein reicht nicht, wenn ein Wort Meister Eckharts, Angelus Silesius', Hildegards von Bingen, Teresas von Avila oder Mechthilds von Magdeburg in unserem Herzen einwurzeln und darin Frucht bringen soll. Das Studium schenkt Wissen, die innere Betrachtung durch Meditation oder Gebet schenkt Weisheit. Zur persönlichen Betrachtung eignet sich besser ein einzelnes Wort oder ein Satz als ein vollständiger Text. Die Mystikerin Mechthild von Hackeborn vergleicht diese Art des Umgangs mit einer Taube: Hat sie einen Haufen Weizenkörner gefunden, trägt sie nicht alles fort, sondern pickt sich hier und da Körner heraus. So soll auch der Mensch, der den Weg der Weisheit gehen will, einzelne Worte auswählen, sie auswendig lernen und darüber nachdenken, was ihm durch dieses Wort mitgeteilt werden soll. Die Übung „Licht aus der Vergangenheit" führt uns zu den Quellen der Weisheit. Bevor wir in ein Labyrinth gehen, verneigen wir uns vor der Mitte. Am Eingang des Labyrinthes erhalten wir von dem Gruppenleiter eine Kerze und eine Karte mit dem Zitat eines Weisheitslehrers.

„Im Licht des Glaubens bin ich stark,
standhaft und beharrlich."
(Katharina von Siena)

„Alle meine Worte und Taten sind in Gottes Hand.
Auf Ihn allein verlasse ich mich."
(Johanna von Orléans)

„Die Sonne ist nicht verschwunden,
weil die Blinden sie nicht sehen."
(Birgitta von Schweden)

„Wir müssen unsere Unvollkommenheiten
annehmen und lieben."
(Thérèse von Lisieux)

Im stillen Schreiten auf die Mitte zu bewegen wir das Wort in unserem Herzen. Wir hören mit den inneren Ohren, was es mitteilt
und welche Erfahrung es mit uns teilen möchte. Wir spüren in unserer inneren Biografie den Ort auf, wo es einwurzeln und Frucht
bringen möchte. Nachdem wir das Labyrinth verlassen haben, verneigen wir uns erneut vor der Mitte. Anschließend kann das Gespräch beginnen. Alle Religionen kennen und verehren Weisheitslehrer. Sie sind wie die Sterne am Himmel. Denn ihr Leben und
ihre Worte schenken Orientierung auf dem Weg zur Mitte. In der
christlichen Tradition werden sie auch spirituelle Urbilder („ex-
empla fidei") genannt, weil in ihrem Beispiel eine Tiefenschicht der
Seele aufleuchtet. In diesen Lehrern und Glaubenszeugen nimmt
die unsichtbare Mitte Gestalt an. Ihre Worte entsprangen aus dieser Mitte und können uns auf unserer Reise zur Mitte begleiten.

Neben der Rose ist der Gral ein altes Symbol der Mitte. Auch er
ist „Licht aus der Vergangenheit", denn seine Geschichte reicht
weit zurück bis ins erste christliche Jahrhundert. Aus dieser Tiefe
erklingt der Ruf nach Mitgefühl und Nächstenliebe. Die Gralsfrage
lautet: Was fehlt dir? Woran leidest du? Die Reise ins Labyrinth des
Grals ist ein Weg, die Kunst des Mitgefühls zu lernen.

DAS LABYRINTH DES GRALS:
EIN WEG DES MITGEFÜHLS

„Wer ist der Gral?
Das sagt sich nicht,
Doch bist du selbst zu ihm erkoren,
Bleibt dir die Kunde unverloren."

(Richard Wagner)

Im Herbst 1970 hatte die anthroposophische Gesellschaft Münster zu einem Vortragsabend geladen. Ich war fünfzehn Jahre alt und überzeugt, in der Schule nichts Wichtiges mehr lernen zu können. Unter der Schulbank las ich die Werke von Bakunin, Kropotkin, A. S. Neill, John Holt und Paul Goodman. Was sich vorn an der Tafel abspielte, erreichte mich nicht. In der Schule arbeiteten Pauker. Ich aber sehnte mich nach einem Lehrer.

Welche Vorstellung verband ich mit einem Lehrer? Ein Mensch, der mit allen Adern des Daseins lebte, jemand, der Erfahrungen mit der anderen Wirklichkeit gemacht hatte. Eine Ariadne, die den Weg kannte und die Pforten der Wahrnehmung öffnen konnte. Eine kundige Führerin durch das Labyrinth des Lebens, die das Staunen nicht verlernt hatte. Jemand, der den Schlüssel zu jenem mystischen Königreich besaß, von dem Jim Morrison in seinem Gedicht *Ein amerikanisches Gebet* (1970) gesprochen hatte:

„weißt du, dass wir existieren?
hast du die schlüssel vergessen
zu dem königreich
bist du dennoch geboren
und lebst du?

gib uns ein bekenntnis
zu glauben   ·
eine nacht der lust
gib uns vertrauen zu
der nacht

wir glaubten
in den guten alten tagen
wir empfangen noch immer
auf engen pfaden"[25]

Leben, Vertrauen, Glauben, Empfangen! Der enge Pfad war der Weg zur Mitte. Jim Morrison schien den Weg zu kennen. Er hatte den Ruf aus der Mitte vernommen und war ihm gefolgt. Viele seiner Erfahrungen formulierte er in Paradoxien. So auch hier:

„wir bemühen uns um etwas,
das uns schon gefunden hat."[26]

Das verstand ich damals nicht. Heute weiß ich warum. Denn die Erkenntnis stellt sich erst ein, nachdem wir den Weg zur Mitte gegangen sind. Dann erkennen wir, dass wir erkannt sind und dass unsere Bemühungen und unser Ringen schon eine Reaktion auf die Kraft war, die uns aus der Mitte zuströmte. Wer sich auf den Weg begibt, der hat den Ruf der Mitte bereits vernommen. Deshalb ist der Weg das Ziel.

Natürlich erkannte ich damals diese Zusammenhänge nicht.

Aber es gibt in jedem von uns seit früher Jugend eine Ahnung, einen spirituellen Kompass, der anzeigt, in welcher Richtung wir suchen müssen. Die Zusammenhänge erschließen sich erst auf dem Lebensweg. Oftmals erst Jahrzehnte später.

So flog ich auf der Suche nach spiritueller Nahrung wie eine Biene von Blüte zu Blüte: Zeugen Jehovas und Rosenkreuzer, anarchistische Pädagogik und Judo, der Schatten junger Mädchenblüte und die Musik von Leonhard Cohen, die Scherben, Janis Joplin und die Doors, die blaue Blume des Wandervogels und nun die ätherischen Blütenessenzen der Anthroposophie. Von Rudolf Steiner hatte ich nichts gelesen. Der Veranstaltungsort, das Schillergymnasium am Hindenburgplatz, schreckte einen Schüler wie mich natürlich ab. Das galt auch für die Zuhörer, denn im Musikraum der Schule saß ein überwiegend älteres Publikum. Die Jüngsten mochten so alt gewesen sein, wie ich jetzt bin. Ich wollte schon wieder gehen, da trat der Redner in den Raum, stellte sich neben den Flügel und begann frei zu sprechen.

An der äußeren Erscheinung des etwa Siebzigjährigen war nichts, was mich hätte ansprechen können. Alles schien grau zu sein: das blasse Gesicht, das schüttere Haar, der Anzug und der Binder. So schaute ich auf die zarten Hände, deren Fingerkuppen sich manchmal leicht berührten. Dann schloss ich die Augen. Denn nach wenigen Sätzen hatte sich in mir der keltische Raum mit seinen uralten Megalithen, den gewaltigen Menhiren, den Sagen von König Artus und den Rittern der Tafelrunde geöffnet. In der Schule erklärten die Pauker alles Mögliche und stellten uns vor Berge des Wissens. Dieser unscheinbare Lehrer schuf aus Worten ein geistiges Labyrinth und führte seine Zuhörer hindurch. Sein Thema lautete: „Parzivals Reise durch das Labyrinth zum Gral".

In der Schule wurde immer nur „über" die Dinge gesprochen. „Von" etwas sprechen kann nur derjenige, der eigene Erfahrungen gesammelt hat. Wer „über" etwas spricht, steht außerhalb des Labyrinthes. „Von" etwas sprechen kann nur derjenige, der die Reise zur Mitte gewagt und eigene Erfahrungen gesammelt hat. An jenem Abend sprach ein Lehrer „von" der Gralssuche. Zwei Stunden lang erzählte er. Er hatte mich aus dem Musikzimmer der Schule entführt und durch einen anderen Raum und in eine andere Zeit geleitet. So wie die Baumeister Stein auf Stein setzten, bis sich aus Einzelteilen der gotische Raum der Kathedrale über ihnen wölbte, so hatte der Lehrer aus Worten eine Welt geschaffen. Auch dieser Mann war ein Architekt. Er hatte einen geistigen Raum geschaffen, eine innere Welt. War das Magie? Vielleicht, so wie in der frühen Kindheit die Märchen der Gebrüder Grimm einen Erlebnisraum schufen, der heute noch in mir nachhallt. Ich schlug die Augen wieder auf. Der Erzähler war so unscheinbar wie zu Beginn seines Vortrages. Er verbeugte sich, beantwortete einige Fragen und entschwand.

Warum erinnere ich mich dreißig Jahre später an diese Begegnung? Ich versuche, den Ariadnefaden aufzuzeigen, der mich über viele Umwege zum Labyrinth von Glastonbury führte. Auf König Artus' Spuren hatten wir den Sommer 1993 in Cornwall verbracht, waren die langen Küstenpfade gewandert, hatten Tintagel Castle besucht, die beiden in eine senkrechte Felswand geritzten Labyrinthe von Rockey Valley aus der frühen Bronzezeit (1800–1400 v. Chr.) gesehen und kamen auf der Rückreise durch Glastonbury. Hier in Somerset liegen die Gräber von König Artus und seiner Frau Ginevra.

Ich erinnerte mich an die Legende vom Heiligen Gral, der zufolge der Gral jener Kelch war, den Jesus und seine Jünger beim letzten Abendmahl benutzt hatten. Joseph von Arimathea, ein Jünger Jesu, fing mit ihm das Blut des gemarterten Jesus auf. Nach Jesu Tod setzte eine beispiellose Verfolgung der Christen ein, und Joseph von Arimathia trachtete, den kostbaren Gralskelch zu retten. Er brachte ihn weit weg von Palästina in die Gegend von Glastonbury, wo er ihn in einem Brunnen versenkte. Dieser wurde fortan Kelchbrunnen (Chalice Well) genannt. Die rotbraune Färbung seines Wassers führte man auf das Blut Christi zurück, das Joseph von Arimathea im Gralskelch aufgefangen hatte.

Dennoch hatte ich keine Vorstellung von dem bunten Treiben, das uns erwartete. Die 8000 Einwohner zählende Stadt nennt sich gerne das magische Herz der britischen Insel. Esoterische Buchhandlungen und therapeutische Zentren aller Richtungen reihen sich hier aneinander. Die Quelle des Grals ist nicht versiegt: Reiki und Pilgerreisen, Astralmagie und Chakrameditation, Tantra und Tarot speisen sich heute aus ihr.

1991 wurde in Glastonbury die alternative University of Avalon gegründet. Greenpeace startete hier am 25. Juni 1999 das Genetix-projekt gegen genmanipulierte Lebensmittel. Und in der Millenniumsnacht zum 1. Januar 2000 zogen 700 Fackelträger durch das Labyrinth von Glastonbury Tor, um das neue Jahrtausend zu begrüßen. Im Labyrinth von Glastonbury sollen sich die esoterischen Überlieferungen der Menschheit verdichten und neue Kräfte für die Heilung von Mensch und Natur freisetzen. Am Fuße des Labyrinthes befindet sich der Kelchbrunnen. Der Weg zur Mitte führt durch sieben Gänge auf einen Hügel (Tor), der sich etwa 180 Meter über die Ebene von Avalon erhebt und von der Straße A 361 in Richtung Shepton Mallet aus gut zu sehen ist.

England ist als Land der Rasenlabyrinthe bekannt. Der englische Labyrinthforscher William Henry Matthews zählt in seinem Buch *Mazes and Labyrinths* (1922) 32 Rasenlabyrinthe. Sie werden durch Ausstechen der Bahnen im Gras hergestellt. Mithilfe dieser Technik des Erdaushubs wurden bereits in vorchristlicher Zeit Figuren in den Boden gezeichnet. Damit diese symbolischen Muster weithin sichtbar waren, legte man sie bevorzugt an Berghängen an. Noch heute sind sie, wie etwa das Weiße Pferd von Uffington/Berkshire, zu sehen.

Der Weg auf den mit dichtem englischen Rasen begrünten Hügel von Glastonbury führt durch ein Sieben-Gänge-Labyrinth. Die

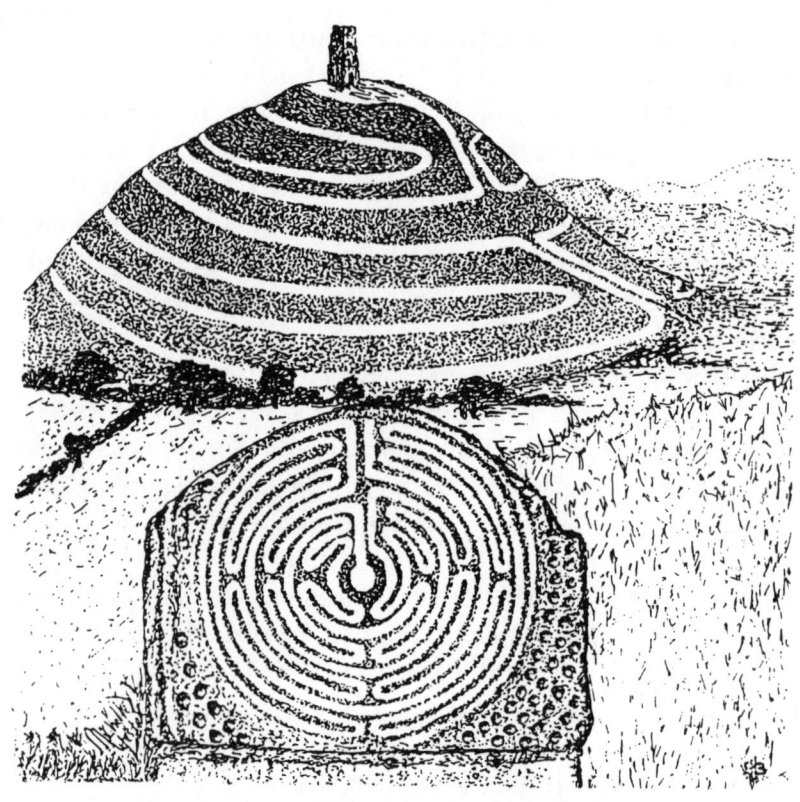

Abb. 17: Labyrinth von Glastonbury Tor, nach Hallman, S. 106, Abb. 12

Mitte liegt auf der Kuppe. Wer sie erreicht hat, gewinnt nicht nur einen Rundblick über die Landschaft Somersets, sondern vor allen Dingen einen Einblick in das weite Land der eigenen Seele. Die englischen Labyrinthforscher Geoffrey Russell und Geoffrey Ashe vermuten, dass das Hügellabyrinth von Glastonbury in der Jungsteinzeit als Drei-Gänge-Labyrinth errichtet wurde. Es soll einst der Verehrung vorchristlicher Götter gedient haben. Unter dem Hügel wohnte der Legende nach Gwyn ap Nudd, der Gott der Unterwelt, und auf ihm tanzten die Feen im Morgentau. Die Anfänge der kultischen Nutzung des Labyrinthes liegen im Dunkel der Zeit.

Durch den Gral und die Erweiterung in ein Sieben-Gänge-Labyrinth wurde Glastonbury Tor zu einem Pilgerpfad zum Gral.

Das Wort „Gral" ist verwandt mit dem alten lateinischen Wort „gradale". Es bezeichnet den Stufenweg der Einweihung in die Mysterien. Der Gralsweg ist vor allen Dingen mit Parzivals Lebensweg verbunden. Die Erzählungen von seiner Suche nach dem Gral nehmen ihren Anfang in alten walisischen Sagen, sie werden von den Dichtern des Mittelalters nacherzählt und gewinnen ihre noch heute gültige Gestalt bei Wolfram von Eschenbach. Erst durch ihn wird der Pilgerweg zum Gral zu einem Initiationsweg für die gesamte Menschheit. Der Gral verbindet Menschen aller Rassen und aller Nationen. Er ist ein Weg zu wahrer Menschlichkeit. Der Pilgerweg von Glastonbury führt in weit geschwungenen Linien auf den Gralshügel. Wer ihn mit Achtsamkeit beschreitet, ist gut vier Stunden unterwegs. Genügend Zeit, um den eigenen Lebensweg im Spiegel von Parzivals Suche nach dem Gral zu betrachten.

Erste Stufe: Der Narr

Parzival wächst als Halbwaise auf. Seine Mutter versucht, ihn vom Leben fern zu halten. Sie spielt Schicksal und will die Zeit anhalten. Mit ihrem Dienstpersonal zieht sie in den tiefen Wald von Soltane. Hier schafft sie eine künstliche Welt und erlässt ein Sprachverbot: Niemand darf von Parzivals Vater und der Welt jenseits des Waldes sprechen. Doch warum will Parzivals Mutter mit aller Macht verhindern, dass er etwas von seinem Vater erfährt? Ihr Name Herzeloyde (Herzensleid) deutet den Grund an. Gahmuret, Parzivals Vater, war Ritter. Im Kampf gegen die Feinde seines alten Dienstherrn, dem Baruc von Bagdad, fällt er der Heimtücke seiner Gegner zum Opfer und kommt ums Leben. Herzeloyde ist zu dieser Zeit hochschwanger und wird von Angstträumen heimgesucht: Sie sieht einen Drachen, der an ihrer Brust liegt und ihr das Herz aus dem Leib reißen will. Die am nächsten Morgen überbrachte Nachricht vom Tod ihres Gatten bringt sie vollends aus dem Gleichgewicht – Seelenschmerz und Herzensleid lassen sie zusammenbrechen. Wenig später kommt sie mit ihrem Sohn nieder, dem Drachen ihres Traumes.

Die Mutter-Kind-Beziehung ist hoch neurotisch, denn Herzeloyde liebt im Kind den verstorbenen Mann. Sie projiziert alle Sehnsucht nach dem Verstorbenen auf den Knaben. Nach mittelalterlichem Brauch müsste Parzival von einer Amme gesäugt werden, da eine Herrin nicht selbst stillt. Herzeloyde jedoch stillt ihr Kind mit erotischer Hingabe, weil sie glaubt, Gahmuret in den Armen zu halten. Beim Wickeln widmet sie der Pflege des männlichen Gliedes ihre besondere Aufmerksamkeit.

Wie lange kann man ein Kind vom Leben fern halten? Nicht nur die Mutter, auch das Kind ist nachhaltig traumatisiert. Im Uterus hat es die Ohnmacht seiner Mutter miterlebt. Diese Leiderfahrung wird seinen eigenen Lebensweg prägen. Alles Künstliche ist letztlich lebensfeindlich. Deshalb brechen künstliche Welten irgendwann zusammen. Denn niemand kann die großen Fragen nach dem Sinn des Lebens verhindern, die sich im Laufe der Entwicklung einstellen.

Parzivals Seele ist schwarz und weiß wie das Federkleid der Elster: Den Knaben packt die Jagdlust. Er schießt die Vögel vom Baum und ist anschließend voller Mitgefühl mit dem Brudertier. Die Erfahrung von Leid und Mitleid erfüllt die Seele mit jener Sehnsucht, die alle Grenzen sprengt. Sie wird zum Anstoß für seine Suche.

Eines Tages begegnet Parzival zufällig drei Rittern in strahlenden Rüstungen. Durch sie erfährt er von König Artus. Jetzt hat seine unbestimmte Sehnsucht einen Namen. Er sucht das Bild des Vaters. Gegen den Willen der Mutter begibt er sich auf die Reise. Vier Ratschläge gibt sie ihm mit auf den Weg:

Meide dunkle Furten!
Grüße alle Menschen!
Folge dem Rat weiser Männer!
Umwerbe edle Frauen!

Während ihr Sohn sich auf den Weg begibt, bricht sie vor Schmerz tot zusammen. Der Aufbruch des Sohnes hinterlässt viele offene Fragen: Ist Parzival schuld am Tod der Mutter? Hätte er zu Hause bleiben sollen? Das Kind folgt dem Ruf der inneren Stimme. Mütter haben kein Recht, ihre Kinder vom Leben fern zu halten. Aber sind ihre Verlustängste nicht verständlich? Hätte das Kind deshalb Mitgefühl mit seiner Mutter haben sollen? Geht jeder im Labyrinth des Lebens seinen eigenen Weg? Können wir ihn nicht gemeinsam gehen? Der Aufbruch des Kindes hält auch uns einen Spiegel vor.

Im Spiegel:

Wonach sehntest du dich in der Kindheit?
Was suchtest du?
Kannst du dem Unerlösten,
    das sich an dich klammerte,
    heute einen Namen geben?
Wer verletzte dich?
Wen verletztest du?

Zweite Stufe: Begehren

So bricht Parzival ins Abenteuer des Lebens auf, in das Wagnis der Freiheit. Er will Ritter werden. Was ein Ritter ist, weiß er nicht genau. Doch verbindet er mit dem Wort „Ritter" die Vorstellung von etwas Göttlichem, einer reinen Lichtgestalt. Unbewusst sucht Parzival die weiße Quelle des Lichts.

Kinder hören gern Geschichten von Rittern, die zu abenteuerlichen Fahrten aufbrechen, fantastische Begegnungen mit Magiern und schönen Frauen haben und schließlich selbst zu Herrschern werden. Früher wollten sie werden wie Gawan oder Lancelot, heute sind die Jedi-Ritter im „Krieg der Sterne" und der Zauberlehrling Harry Potter ihr Vorbild.

Munter voran reitet Parzival aus dem Wald von Soltane. Auf freiem Feld sieht er ein Zelt. Er tritt hinein und steht vor einem Bett. In ihm schläft Jeschute, die Frau des Fürsten Orilus de Lalander. Ihr Anblick löst in ihm Begehren aus. Parzival denkt an den Ratschlag der Mutter. Frauen soll ein junger Mann Ehre erweisen, und rote Lippen soll man küssen, denkt er. Gesagt, getan. Einen Fingerring streift er zudem vom Ringfinger der Frau und hat keine Ahnung, welchen Schaden er durch seine Naivität anrichtet und welche Irritationen er bei Orilus auslösen wird.

Wenig später begegnet er dem Ritter Ither. Dieser trägt eine rote Rüstung. Wieder erwacht sein Begehren. Keine Zweifel plagen ihn: Die schöne Rüstung steht mir zu, denkt er. Parzival kann seine Begierde nicht zügeln. Er wirft mit dem Sauspieß, trifft ins Auge des roten Ritters. Tödlich verwundet, stürzt dieser vom Pferd. Parzival zieht sich Ithers Rüstung an. Kein Mitgefühl bremst ihn. Der Wurf mit dem Sauspieß war gegen die Regeln des ritterlichen Kampfes, war Partisanentaktik und im höchsten Maße unfair. Ritter dienen schönen Frauen, Ritter tragen schöne Rüstungen, denkt Parzival und glaubt, nun ein Ritter zu sein, weil er eine Rüstung trägt.

Die Wegführung im Labyrinth von Glastonbury geht auf jeder Stufe einmal um den ganzen Hügel herum. Der Pilger hat das Gefühl, nicht weiter zu kommen. Der Weg steigt zwar langsam in die Höhe, doch je höher man kommt, desto unheimlicher wird es. Das Labyrinth hat seine eigene Stimmung. Und sie ist ernst, weiß von den dunklen Seiten zu reden, von Leid, Schuld, Trauer und Trennung, von unendlicher Sehnsucht und nicht enden wollender Suche. So wird es auch Parzival ergehen.

Der Name „Glastonbury Tor" bedeutet „Hügel von Glastonbury". Dennoch schwingen für jeden, der mit Parzivals Suche nach dem Gral vertraut ist, weitere Bedeutungen mit: Der Labyrinthweg ist das Tor zum Gral. Parzival wird als törichter Knabe und später als reiner Tor bezeichnet. Im Tarot ist Parzival auf der ersten Karte der 22 großen Arkana abgebildet. Die Karte heißt „Der Narr" und trägt die Ziffer Null. Zu den verbreitetsten Tarotkarten gehören die Bilder, die Pamela Coleman Smith nach den Anweisungen von Arthur Edward Waite (1857–1941) gezeichnet hat. Waite war Mitglied des legendären Hermetic Order of the Dawn, dem auch William Butler Yeats angehörte.

Abb. 18: Tarotkarte: Der Narr

Die erste Karte zeigt Parzival in Aufbruchstimmung. Munter schreitet er voran, die Arme ausgebreitet, als wolle er die ganze Welt umfangen. In ein buntes Narrengewand gekleidet, steht er auf einer Bergeshöhe. Hinter ihm befinden sich weite schneebedeckte Berge, über ihm eine weiße Sonne, neben seinen Füßen springt freudig ein weißes Hündchen. Unter dem Narrengewand leuchtet an den Armen und am Hals ein weißes Untergewand hervor. In der linken Hand hält Parzival eine weiße Rose, in der rechten einen Wanderstab, an dessen Spitze sich ein geschnürtes Reisebündel befindet. Eine rote Feder steckt im Haar.

Weiß ist nicht nur die Farbe der Unschuld, sie symbolisiert auch die Welt der Möglichkeiten. Denn im Weiß sind sämtliche Farben des Spektrums ungetrennt und ungebrochen vereint. Parzival hat sich auf den Weg begeben. Den Blick wie „Hans-guck-in-die-Luft" in die Höhe gerichtet, sieht er nicht, dass er vor einem Abgrund steht. Ob er im Leben scheitern oder die höchsten Höhen der schneebedeckten Berge erklimmen wird, ist offen.

Der Narr zeigt das göttliche Kind in uns. Im Märchen schreitet er auf der Suche nach dem Glück unverzagt in die Welt, schrickt vor keiner Gefahr zurück und meistert in ungebrochener Naivität jede Prüfung, bis er sein Ziel erreicht. Der Narr steht für die Seele, die sich im Leib inkarniert hat. Er kann beides sein: Urvertrauen, Heiterkeit, Weltoffenheit, Spontaneität, aber auch kindliche Torheit, Verspieltheit, Leichtsinn, Dummheit. Im Tarot deutet der Narr auf eine Zeit des Aufbruchs. Neue Erfahrungen werden sich einstellen. Wie aber sollen wir auf sie reagieren? Nicht, indem wir allein den klugen Ratschlägen anderer folgen oder uns den Normen der Gesellschaft unterwerfen. Diesen Fehler begeht Parzival und wird damit scheitern.

Der Narr verweist auf Situationen, die nicht planbar sind. Hier sind Einfühlungsvermögen, Mitgefühl, Intuition, „Querdenken" gefordert. Das Labyrinth hat seine eigene Logik. Der gerade Weg, die Übereinstimmung mit der traditionellen Moral und die logische Entscheidung führen durchaus nicht immer zum Ziel. Die Tugend kann zur Untugend werden, die Einhaltung des Gebotenen zum großen Fehler. Der Weg zum Gral ist eine Initiation in die Sprache des Herzens und den Umgang mit dem Kompass, der tief in jeder Seele verborgen ist.

Der Narr Parzival steht am Abgrund. Eltern versuchen ihre Kinder von Abgründen fern zu halten. Doch wie soll das Kind sicher und selbstbewusst gehen lernen, wenn es den Grenzgang am Abgrund nicht wagen durfte? Das Kind braucht einen geschützten Raum, in dem es seine Kräfte sicher entfalten kann. Es muss aber auch lernen, das Leben zu wagen. Auch hier spiegelt Parzivals Weg unser Leben.

Im Spiegel:

Welcher Begierde folgtest du?
Wo machte dich die Begierde blind?
Wer zahlte den Preis für
deine Selbstverwirklichung?
Wer blieb auf der Strecke?

Dritte Stufe: Bleib auf der Spur!

Leben ist Leiden, wusste Buddha. Die Ursache für das Leiden, so lehrte er, ist die Begierde, denn diese macht blind für das Leid. Wie kann sich die Seele aus dem Kreislauf der Begierden befreien und „sehend" werden? Seine Antwort lautet: Sie muss den Weg des Erwachens gehen. Wer erwacht ist, dessen Seele ist von liebender Güte, Mitgefühl und Nächstenliebe erfüllt. Der Gral von Glastonbury ist Symbol für diesen Weg.

Den Weg zum Gral muss jeder Mensch allein gehen. Kein Meister kann ihm die Erfahrung abnehmen. Aber Erfahrung ohne das

Gespräch mit einem Meister ist wie ein Schatz, der nicht gehoben wird. Parzivals Lehrerin heißt Sigune. Er ist der Novize, sie die Novizenmeisterin. Sie öffnet ihrem Adepten die Augen der Seele und weist ihm den Weg des Mitgefühls. Sigune kennt die Folgen der Begierde aus eigener Erfahrung. Sie trauert um ihren Geliebten, den toten Ritter Schionatulander. Sein Schicksal zeigt, wie gefährlich die Suche sein kann. Sigune fühlt sich schuldig an seinem Tod. Denn sie hatte ihn aufgefordert, einem Hund hinterherzujagen, der ein wundersames Halsband mit einer gestickten Inschrift trug. Das erste Wort hatte sie im Vorbeilaufen des Tieres lesen können. Es lautete:

„Gardevias – Bleib auf der Spur!"

Der Hund ist ein altes Symbol für den Seelenführer. Als uneigennütziger Wegbegleiter ist er jederzeit zum Aufbruch bereit. Er hat Geduld, er kann warten, er zählt nicht die Stunden und fragt nicht, was ihm der Weg bringen wird. Er stellt sich auf die Bedürfnisse und Stimmungen des Menschen ein, den er begleiten soll. Er fühlt mit, er denkt mit, er handelt im Sinne seines Herrn. Im Tarot steht er dem Narren Parzival, in der jüdischen Legende dem Jüngling Tobit zur Seite.

Sigune hatte den Anfang der Inschrift gelesen: „Bleib auf der Spur!" Diese Aufmunterung braucht jeder Labyrinthgänger. Denn nach einer gewissen Zeit kommt die Ungeduld. Er wird der Umwege überdrüssig. Er tritt aus der Spur und schreitet direkt zur Mitte. Doch wie gelingt es ihm, auf der Spur zu bleiben? Die Antwort war auf dem Halsband zu lesen. Sie bestand aus einer Erläuterung der Aufforderung „Gardevias", einer praktischen Anweisung für Labyrinthgänger in Form eines Tugendkataloges. Die zwölf Tugenden lauteten:

Zucht,
Keuschheit,
Milde,
Treue,
Mäßigung,
Sorge,
Schamgefühl,
Bescheidenheit,
Beharrlichkeit,
Demut,
Geduld
und
Mitgefühl.

Tugenden sind Wegweiser. Doch welchem Wegweiser soll die Seele folgen? Wann ist Beharrlichkeit, wann ist Geduld gefordert? Wann Zucht, wann Mitgefühl? Ohne einen inneren Kompass führen die Wegweiser der Tugend in einen Irrgarten der Moral. Nicht jede gilt jederzeit und an jedem Ort. Wie aber findet die Seele heraus, was der Augenblick fordert? So viele Stimmen. Doch welche ist die richtige? So viele Ratschläge. Doch welchem folgen?

Sigune weist den Weg. Bis zur Begegnung mit seiner Lehrerin kannte Parzival nicht einmal seinen eigenen Namen. Er lebte vollständig aus dem Unbewussten. Fragte ihn jemand, wie er heiße, so nannte er die Kosenamen „lieber Sohn, schöner Sohn, guter Sohn", mit denen ihn die Mutter gerufen hatte. Durch Sigune erwacht er zum Bewusstsein. Das ist der Sinn der Namensgebung.

Parzival, so erläutert sie, heißt „Mittenhindurch". Was bedeutet dieser rätselhafte Name? Er hat eine lichte und eine dunkle Seite. Wenn Parzival jetzt auf sein bisheriges Leben zurückblickt, entdeckt er die dunkle Spur der Verwüstung und des Leides, die seine Begierde hinterlassen hat. Sie zog sich mitten durch das Leben der Menschen, mit denen er in Berührung kam. Auf dieser Spur kann er gewiss nicht bleiben. Den Weg in die Zukunft weist das Mitgefühl. Es führt „mittenhindurch" den Irrgarten der Moral und wird im rechten Moment das Richtige raten.

Durch den Ritter Gurnemanz erhält Parzival eine zweite Unterweisung. Sie enthält den Kanon der ritterlichen Tugenden:

Unverzagtes Handeln,
Achtsamkeit,
Erbarmen mit den Notleidenden,
Treue,
Ehrgefühl,
Glauben,
Keuschheit,
Diskretion
und
Liebe.

Die Liebe findet bald Erfüllung. Parzival befreit die Königin Condwiramurs von ihren lästigen Brautwerbern und heiratet sie. Kann er sich jetzt zur Ruhe setzen und seinen Besitz genießen? Gewiss nicht. Er hat die Mitte noch längst nicht erreicht. So macht er sich erneut auf die Suche. Und wieder hält er uns den Spiegel vor.

Der Spiegel:

Hattest du einen Lehrer?
Was lehrte er dich?
Wo ging dein Weg „mittenhindurch"?

Vierte Stufe: Das Paradox

Die Gralsburg ist durch eine Sicherheitszone von 30 Meilen geschützt. Kein Unberufener dringt hier hindurch. Parzival erreicht die Gralsburg, ohne sie gesucht zu haben. Das Beste wird uns geschenkt. Ist es nicht immer so im Leben? Aber erkennen wir es? Jeder hat seine Berufung. Doch wie können wir sie entdecken? Jeder hat seinen Ort in der Welt. Doch wie können wir ihn finden?

Was Parzival auf der Burg erlebt, verunsichert ihn über die Maßen. Er befindet sich in einer paradoxen Welt. Denn in der edlen Gesellschaft der Gralsritter will nichts zueinander passen. Parzival wird mit allen Ehren empfangen und in einen Festsaal geführt. Hier ruht auf einer Liegestatt der Gralskönig Anfortas. In den offenen Kaminen prasseln Feuer. Dennoch friert der König. So hatte sich Parzival die Welt der Ritter nicht vorgestellt.

In jedem Labyrinth gibt es ein Paradox. Ein Paradox kann durch die Vernunft nicht aufgelöst werden. Dieses lautet:

Der Erwählte ist ein Leidender!

Noch bleibt Parzival das Geheimnis des Grals verschlossen. Schmerz verzehrt Anfortas' Gesichtszüge. Eine eiternde Wunde in der Lendengegend quält ihn. Ihr Gestank ist erbärmlich. Das ist nicht der Wohlgeruch, den man den Heiligen nachsagt. Mit brennendem Aloeholz versuchen die Diener den Wundgeruch zu neutralisieren.

Aller Augen sind auf Parzival gerichtet. Was erwarten sie von ihm? Parzival denkt an die Ratschläge seines Lehrers Gurnemanz, der mit ihm über Tugenden gesprochen hatte. Erbarmen mit den Notleidenden solle ein Ritter zeigen, hatte er gesagt. Aber er hatte auch gewarnt: Stelle nicht zu viele Fragen! Parzival aber ist voller Fragen. Was soll er tun? Wie soll er sich verhalten? Wäre er Anfortas allein auf offener Straße oder im Wald begegnet – gewiss hätte er sich ihm zugewandt und nach der Ursache seiner Leiden gefragt.

Doch diese Situation ist nicht eindeutig. Parzival denkt, Diskretion sei geboten. Er irrt sich.

Was nützen uns alle klugen Ratschläge, was helfen uns die Tugendkataloge, wenn wir im Gewirr der Stimmen nicht jenes erlösende Wort finden, das uns „mittenhindurch" das Paradox führt? Die Vernunft kann es uns nicht schenken.

So verfolgt Parzival schweigend das Ritual. Eine blutende Lanze wird in den Saal getragen. Es ist die Lanze des Longinus, mit der Christus am Kreuz in die rechte Brust gestochen wurde. Dann wird der Gral in den Saal getragen. Die Prozession wird von Repanse de Joie, begleitet von ihren sechs Dienerinnen, geführt. Der Gral ist das Paradies auf Erden, das schlechthin Vollkommene, eine Frucht der Seligkeit und Füllhorn der Erdensüße. Parzival wird Zeuge eines Speisungswunders. Das Wunder der Heilung aber könnte nur er selbst vollbringen. Wie denn? Durch eine Unmittelbarkeit des Herzens, eine Zuwendung ohne Sicherungsseil. Es gibt in jedem Menschen eine untrügliche, innere Stimme, die sagt:

Du wirst hier gebraucht!
Geh auf den Leidenden zu!
Frage, was ihm fehlt!
Zeige dein Mitgefühl!
Sprich das erlösende Wort!

Parzival stellt die Mitleidsfrage nicht. Am nächsten Morgen wird er erfahren, dass dies seine Stunde gewesen wäre. Er war erwählt, aber ihm fehlte der Mut zur Freiheit. Er wollte sein Leben sichern und nichts riskieren. So wird er der Burg verwiesen und von Sigune verflucht. Die Mitte des Labyrinthes lag zum Greifen nahe. Jetzt führt der Weg in einem weiten Bogen von ihr weg. Es geht bergab – wörtlich und symbolisch, denn die Gralsburg liegt auf einem Berg.

Auf der Spitze von Glastonbury Tor befindet sich seit dem 15. Jahrhundert eine Kapelle. Sie ist dem Erzengel Michael geweiht, dem Wächter vor den Toren des Paradieses. Wo lag das Paradies? Nach dem Buch *Genesis* im Quellgebiet von Euphrat und Tigris, nach den alten Apokryphen jedoch auf der Spitze eines Berges. Das ist der Grund, warum auch die Gralsburg auf einem Berg liegt. Heilige Berge wurden zu allen Zeiten als Wohnorte der Götter verehrt. Die Germanen kannten die Götterburg Asgard. In Norwegen heißt noch heute eine Hochgebirgslandschaft Jötunheimen. In ihr wohnten nach germanischem Glauben die Riesen. Zeus und die griechischen Götter herrschen auf dem Olymp. Moses empfängt aus Gottes Hand die zehn Gebote auf dem Berg Sinai. Jesus wird auf einem Berg vom Teufel versucht, auf dem Berg Tabor wird er verklärt, auf dem Ölberg gekreuzigt und von einem Berg wird er nach der Auferstehung in den Himmel gehoben. Die Aborigines verehren den Ayers Rock im Zentrum Australiens als Heiligtum.

Die heiligen Berge waren aber auch immer Ort der Kontemplation und des Gebetes. Hindus und Buddhisten ziehen pilgernd um den heiligen Berg Kailasan (Kang Rinpoche) im westlichen Tibet, die Iren pilgern über einen steilen Weg auf den Croagh Patrick. In christlichen Gegenden wird auf Bergspitzen ein Kreuz gesetzt. Dieser Brauch erinnert zum einen an den Kalvarienberg und Christi Tod auf Golgatha. Da der Tod aber die Pforte zum neuen Leben ist, verweist das Kreuz auf dem Berg zugleich auf das wieder gefundene Paradies. Deshalb wurde das Kreuz Christi aus dem Baum des Lebens gefertigt, der einst im Paradies stand.

Der Spiegel:

Wo war dein erlösendes Wort gefordert?
Hast du es gesprochen?
Welche Widersprüche haben dich irritiert?
Könntest du sie heute lösen?

Wie würdest du bei einer zweiten
Begegnung reagieren?
Was hast du durch sie gelernt?

Fünfte Stufe: Kreuzweg

Im Labyrinth kann man sich nicht verirren, denn wer den Weg weiter geht, wird die Mitte erreichen. Woher aber soll Parzival wissen, dass er durch ein Labyrinth und nicht durch einen Irrgarten läuft? Er ist vom Gralsberg hinabgestiegen und kommt in die Welt der Artusritter. Für einen Moment wird Parzival von seinem Schicksalsweg abgelenkt. Artus schlägt ihn zum Ritter der Tafelrunde. Auf der Gralsburg ist er gescheitert, hier wird er anerkannt. Ist das nicht ein Trost? Könnte seine Seele durch diese Anerkennung Frieden finden? Nein, nur um den Preis des Selbstbetruges und der Unaufrichtigkeit. Er würde seiner eigenen Berufung untreu werden und auch diejenigen hintergehen, die ihm nun Ehre erweisen, indem sie ihn in ihre Reihen aufnehmen. Denn dies ist nicht sein Ort auf der Welt, und unter ihnen wird er sich auf Dauer nicht heimisch fühlen.

Doch hätte er die Kraft, sich aus den Stricken der Anerkennung zu lösen? Da kommt ihm Hilfe von außen. Es ist die Gralsbotin Cundrie la sorcière, eine hochgelehrte Frau. Sie platzt in die Festgesellschaft, stürmt „mittenhindurch" die Heiterkeit und wiederholt den Fluch. Alle sind entsetzt, auch Parzival. Der Schatten hat ihn eingeholt. Er ist das Kreuz, das er zu tragen hat, aber auch seine Chance: Er darf weiter schreiten und auf der Spur bleiben. Das Leiden öffnet eine Tiefendimension der Seele. Das Haus der Seele bebt bis in die Grundfesten. Parzival geht nun seinen Kreuzweg. Dabei droht ihm alles abhanden zu kommen: die Liebe zu Condwiramurs und zu Gott. Artusrittern bleibt diese Tiefenerfahrung erspart. Doch Parzival ist zum Gral berufen. Der Gral ist ein Erlösungsgeheimnis. Artusritter fühlen sich nicht erlösungsbedürftig.

Im Spiegel:

Welches Kreuz hattest du zu tragen?
Kennst du die Verführung durch Anerkennung?
Holte dich der Schatten ein?
Welche Gefühle begleiteten dich?
Welche Erfahrungen hast du gesammelt?
Welche Tiefendimension brach in deiner Seele auf?

Sechste Stufe: Karfreitag

Der Weg durchs Labyrinth ist zum Kreuzweg geworden. Am Karfreitag begegnet Parzival dem Einsiedler Trevrizent. Nun ist der Phönix seiner Seele zu Asche verbrannt. Parzival denkt, er sei gescheitert, von Gott und der Welt verlassen. Er hat keine Hoffnung mehr, die Mitte des Labyrinthes zu erreichen. Tatsächlich aber liegt sie zum Greifen nahe. Denn das Alte ist vergangen, Neues kann entstehen. Parzival legt vor Trevrizent die Beichte ab und integriert so den Schatten. Sie ist sein symbolischer Tod und der Beginn der Auferstehung zu neuem Leben. Trevrizent spricht ihm Gottes Vergebung zu und weiht ihn in die Mysterien des Grals ein.

Einst wurde der Gralskult von Engeln versehen, erzählt Trevrizent, doch weil sie sich nach dem Sturz Luzifers neutral verhielten und sich weder für noch gegen Gott entscheiden wollten, wurde der Gralsdienst den Tempelrittern anvertraut. Zum Ethos dieser Ritter gehört der Dienst an den Schwachen und Kranken.

Parzival begegnet einem neuen Paradox. Es ist das Paradox der Freiheit. Doch was ist Freiheit? Reisefreiheit, politische Freiheit, Freiheit des Denkens, freies Handeln? Gewiss, diese Freiheit hätte Parzival unter den Artusrittern gehabt. Aber er sucht mehr: die höchste Form der Freiheit. Er will frei werden von der Begierde, er möchte frei werden von sich selbst, gelöst, erlöst sein. Wer von der

Begierde und der Sorge frei ist, wird zu einer Quelle lebendigen Wassers. Deshalb hatte Joseph von Arimathia den Gral im Brunnen am Fuße des Hügels versenkt. Aus dieser Quelle des Mitgefühls und der Achtsamkeit entspringt ein neues Leben in Freiheit.

Der Spiegel:

Was ist für dich Freiheit?
Welche Quelle lebendigen
Wassers möchtest du sein?

Siebte Stufe: Was fehlt dir?

Wir ringen verzweifelt um die Lösung eines Problems, haben schon alle Hoffnung aufgegeben, glauben weiter vom Ziel entfernt zu sein als je zuvor, und plötzlich öffnet sich der enge Pfad: Wir haben die Mitte erreicht, wir haben die Lösung gefunden. So geht es auch Parzival. Kurz nachdem er seinen spirituellen Lehrer verlassen hat, steht er zum zweiten Mal vor den Toren der Gralsburg. Wieder wird er hineingelassen, wieder steht er vor dem leidenden Gralskönig Anfortas.

Parzival hat die Mitte des Labyrinthes erreicht. So wird das Ende seines Weges auch im Bühnenbild der Bayreuther Festspiele des Jahres 2000 dargestellt. In Wolfgang Wagners „Parsifal"-Inszenierung versammelt sich die gesamte Gralsgemeinde in einem großen Labyrinth. In der Mitte steht leuchtend der Gral.

Was fehlt dir? Worunter leidest du? Kinder scheuen sich nicht, diese Fragen zu stellen. Erwachsene jedoch zögern, und sie haben Gründe dafür. Der Leidende könnte durch die offene Nachfrage peinlich berührt sein. Die Zuwendung könnte Erwartungen wecken, denen man nicht standhalten will oder kann. Denn was passiert, wenn der Kranke nicht antwortet: Danke der Nachfrage, es geht schon. Danke, es wird schon besser. Sondern sagt: Ich habe Aids. Der Krebs streut weiter.

Was uns von der Mitleidsfrage abhält, ist die Angst vor Verantwortung, Überforderung und vor einer verbindlichen persönlichen Beziehung. Mitleidsfragen werden nicht gestellt, weil sich Menschen nicht mit den Sorgen anderer Menschen belasten wollen. Wie Priester und Levit gehen sie an dem Niedergeschlagenen vorbei. Kann man lernen ein Samariter zu werden? Der Weg durch das Labyrinth von Glastonbury beschreibt einen Weg der Reifung zum mitleidvollen Handeln. Er führt durch die Erfahrung des eigenen Leidens. So zögert Parzival nicht, die Gralsfrage an Anfortas zu richten: „Oheim, was wirret dir?" Oheim, was fehlt dir?

Der Pilgerzug der 700 Fackelträger in der Millenniumsnacht stand unter dem Motto „Phoenix Procession". Der Vogel Phönix ist ein altes Symbol der Unsterblichkeit. Wenn jemand nach einer Krise oder Krankheit unerwartet zu neuer Kraft gelangt, sagt man, er steige wie Phönix aus der Asche. Diese Redewendung geht auf den antiken Mythos vom Phönix zurück. Wenn er alt geworden ist und seine Lebenskräfte abnehmen, so fliegt er gen Osten, stürzt sich dort in die Flammen eines Feuers, verbrennt zu Asche und steigt aus der Asche zu neuem Leben wieder empor. Der Gralsweg ist ein Weg zu dieser Quelle der Erneuerung des Lebens.

Die Mitleidsfrage heilt Anfortas und macht Parzival zum Gralskönig. Was hat erreicht, wer in der Mitte angekommen ist? Er ist frei geworden von Selbstmitleid und der Sorge um sich selbst. Er ist offen für die Zuwendung zum Nächsten. Wer ist dieser Nächste? Jeder, der uns braucht. Auf der siebten Stufe des Labyrinthes enthüllt sich der Weg, den wir gegangen sind. Schmerz, Einsamkeit, Krankheit, Zweifel an der Berufung blieben uns nicht erspart, aber durch sie „mittenhindurch" führte der Weg zum Ziel. Erst aus dieser Erfahrung wächst das Vertrauen in die heilende Kraft der Liebe. Aus ihr geschehen jene Wunder der Erneuerung des Lebens, von denen in Glastonbury viel die Rede ist. Als Joseph von Arimathia den Gral in der Quelle versenkt hatte, ging er noch einmal zum Fuß des Labyrinthberges und stieß seinen Wanderstab in den Boden. Aus dem toten Holz wuchs neues Leben. Es schlug Wurzeln, trieb Zweige und begann zur Winterzeit zu blühen. So überwindet der Gral die Begierde und lässt die Rose der Liebe und des Mitgefühls erblühen.

Parzival ging den Weg des Mitgefühls. Können wir uns vorstellen, er vergnügte sich für einen Nachmittag in einem jener Irrgärten unter freiem Himmel, die heute überall aus Hecken, Bäumen, Mais und Hanf angelegt werden? Wohl kaum. Und doch würde etwas fehlen, gäbe es nicht einen heiteren, sinnlichen Kontrapunkt zum heiligen Ernst seiner Suche nach dem Gral.

FÜNFTER WENDEPUNKT:
IM IRRGARTEN DER SINNE

> „Die modernen Irrgärten sind
> eine Location für Künstler,
> die uns verblüffen,
> die uns neue Wege zeigen
> oder einfach Spaß daran haben,
> den Betrachter in die Irre zu führen.
> Ein interaktives Erlebnis für
> Jung und Alt inmitten der Natur."
>
> (Erik Voss, Agentur „Omek")

D ie Liebe hat viele Gesichter. Manchmal tanzt sie nur einen Sommer im Irrgarten der Sinne. Manchmal verstrickt sie sich im Beziehungslabyrinth. Manchmal finden sich die Herzen auf den verschlungenen Pfaden zur Mitte. Suchen und Finden, sich vor anderen Menschen verbergen und sich ihnen wieder zeigen, untertauchen und wieder auftauchen: Die spielerische Seite der Liebe erhielt in den Irrgärten des Barock ihren Erlebnisraum. Die Anlagen aus dem 17. Jahrhundert hatten „Event-Charakter". Sie sind Vorbilder für moderne Irrgärten, denen wir in diesem Wendepunkt nachspüren wollen. Früher wurden Irrgärten von Adligen in Auftrag gegeben. Die Mehrzahl der modernen Labyrinth- und Irrgartenerbauer sind Unternehmensberater, Marketing-Fachleute, Landwirte, Künstler und Leiter von Event-Agenturen.

Der Irrgarten des Barock ist ein Ort der Sinnlichkeit, ein Raum für Liebesreigen, Pfänderspiele und Tändeleien. An seinem Eingang steht keine Aufforderung zur Selbsterkenntnis. Im Gegenteil! Wer sich zwischen den Gängen bewegt, spielt eine Rolle. Er will nicht erkannt werden. In den Schlossgärten von Versailles, Chantilly, Schönbrunn oder Heidelberg werden Irrgärten aus Hecken, Büschen und Bäumen gepflanzt. Die Mitte wird durch Fischteiche, einen Venushügel, einen Turm mit Wendeltreppe oder einen Pavillon gestaltet.

Der Irrgarten des Barock bildet einen Gegenpunkt zur strengen formalgeometrischen Ordnung und Symmetrie der Gärten. Er ist gewollte Unübersichtlichkeit. Hier können sich die Liebespaare verbergen. Zwischen den Heckenwegen sucht die höfische Gesellschaft die erotische Verwicklung. Irrgärten dienen der Tarnung. Schon Heinrich II. von England (1133–1189) soll seine Mätresse Fair Rosamond in einem Irrgarten bei Woodstock vor den Nachstellungen seiner Gattin, Eleonore von Aquitanien, versteckt haben.

Eines von vielen Beispielen ist der achteckige Irrgarten in den Herrenhäuser Gärten von Hannover. Er besteht aus 2,30 Meter hohen Hainbuchenhecken, hat einen Durchmesser von 23 Metern und eine Weglänge von einem halben Kilometer. In seiner Mitte befindet sich eine Liebeslaube. Der Große Garten in Herrenhausen wurde von Kurfürstin Sophie in Auftrag gegeben und im Jahre 1708 vollendet. Anfang des 20. Jahrhunderts befand sich der Irrgarten in einem verwilderten Zustand. Den Welfen mangelte es an Geld. 1936 verkauften sie die Herrenhäuser Gärten an den Staat. Der derzeit vorhandene Irrgarten ist eine Neupflanzung aus den Jahren 1936/37.

Im Irrgarten wurde geliebt und das Leben gefeiert. Er war der Ort des höfisch geduldeten Seitensprungs. König und Herzog gingen gelegentlich beispielhaft voran. Prinz Condé veranstaltete im Zentrum des Irrgartens von Schloss Chantilly ein Festmahl für Ludwig XIV. Der Sonnenkönig selbst ließ den Irrgarten von Versailles mit Springbrunnen und Skulpturen schmücken. Er existiert heute nicht mehr. Der Gartenarchitekt André Le Notre nahm 39 Fabeln des Aesop zum Vorbild für die Skulpturen. Die einzelnen Charaktere der Tiere hielten der höfischen Gesellschaft des Absolutismus den Spiegel vor. Sie waren Kritik und zugleich Überlebenshilfe. Wenn das höfische Leben sich in einen Irrgarten verwandelte und die Lage unübersichtlich wurde, dann gab die Fabel Ratschläge, wie man sich vor seiner Verirrung schützen konnte. Die Ariadnefäden durch den Irrgarten hießen: Diskretion, Schmeichelei, rechtzeitiges Verschwinden von der Bildfläche und erneute Präsenz zum günstigen Zeitpunkt, umsichtige Teilnahme am Spiel der Liebe. Direkt hinter dem Eingang zum Irrgarten von Versailles begrüßten zwei Skulpturen den Besucher. Eine zeigte den antiken Fabeldichter und ehemaligen Sklaven Aesop, die andere Amor, eine Personifikation der Liebe.

Irrgärten waren auch Treffpunkte für die Liebhaber der Dichtung. Pfarrer Martin Limburger legte in Kraftshof/Nürnberg einen Irrgarten für die Mitglieder des „Pegriesischen Blumenorden" an. In der Mitte des Liebeslabyrinthes im Park des Schlosses Sorgvliet von Den Haag ließ der Dichter Jacob Cats (1577–1669) einen Hügel aufschütten, der als Nachbildung des Dichterberges Parnass verstanden wurde. Irrgärten wurden bis ins 18. Jahrhundert zum europäischen Exportschlager. So errichteten Jesuiten in der Sommerresidenz Yuan Ming Yuan bei Peking einen Irrgarten für den Kaiser K'ien Long.

Johann Gottfried Schnabel (1692–1752), Autor der berühmten Trilogie *Die Insel Felsenburg*, hat in seinem erotischen Roman *Der im Irr-Garten der Liebe herumtaumelnde Cavalier* (1738) den Irrungen und Wirrungen der Liebe vor dem Hintergrund barocker Liebesirrgärten Ausdruck verliehen. Sie sind spielerische Inszenierungen, gesuchte Verwirrungen, inszenierte Seitensprünge, Verführungen. Zuweilen nehmen sie wie in Choderlos de Laclos (1741–1803) Sittengemälde *Gefährliche Leidenschaften* einen katastropha-

189

len Ausgang. Der moralisierende Untertitel von Schnabels Roman dient jedoch lediglich der Tarnung: *Reise- und Liebesgeschichte eines vornehmen Deutschen von Adel, welcher nach vielen, sowohl auf Reisen, als auch bey anderen Gelegenheiten verübten Liebes-Excessen, endlich erfahren muss, wie der Himmel die Sünden der Jugend im Alter zu bestrafen pflegt.*

Auch die Verlogenheit gehört zur Kultur der Irrgärten, denn tatsächlich erzählt der Roman in munterer Folge die erotischen Affären des deutschen Grafen Gratinum von Elbenstein unter der heißen Sonne Italiens. Maskierte liebeshungrige Italienerinnen weisen ihn in die Kunst des Liebens ein, mit deutschen Damen, Gräfinnen, Baronessen und deren Zimmermädchen legt Graf Elbenstein anschließend seine erotische Reifeprüfung ab.

Das „Prinzip Umweg" ist aber auch Symbol der erotischen Spannung. Ohne Verwicklung gäbe es keine Liebesgeschichten zu erzählen. Der Ariadnefaden der Erzählung zögert den Höhepunkt hinaus. Eine Erfüllung der Liebe auf direktem Wege wäre langweilig und ohne Erotik. Je länger der Weg, desto größer der Erfahrungsraum. Die Liebenden suchen einander. Der Weg zum Herzen führt über verschlungene Pfade. Widerstände zu überwinden, Freiräume und Zufluchtsorte zu finden ist Aufgabe des Liebhabers. Giacomo Casanovas (1725–1798) *Memoiren*, ein Kulturgemälde des Rokkoko, ist ein großes erotisches Labyrinth.

Sein Gegenstück sind die christlichen Gartenlabyrinthe des 16. und 17. Jahrhunderts. Sie existieren nur auf dem Papier. Ihre Aufgabe war moralischer Art: In seinem Kupferstich *Wegweiser zur Heirat aus dem Labyrinth der Liebelei* von Adriaen van de Venne (1589–1662) nimmt Amor eine junge Frau an die Hand und führt sie ins Labyrinth, wo ihr zukünftiger Ehemann wartet. In der Mitte des Labyrinthes befinden sich eine Liebeslaube und ein Maibaum. Er symbolisiert den wieder gefundenen Baum des Lebens. Hier angelangt, wird das christliche Ehepaar aus dem Geist christlicher Liebe neu geboren. Die höfische Liebe ist aus dieser christlichen Sicht nur Liebelei, unreife Liebe oder „Kälberliebe". Sie führt nicht in das Paradies zurück, sondern wiederholt den Sündenfall. Dem treu liebenden christlichen Ehepaar wird der Ehebrecher David gegenübergestellt. Auf dem Flachdach seines Palastes in Jerusalem lustwandelnd, hatte König David einen verbotenen Blick in einen der Nachbargärten geworfen. Dort badete gerade Bathseba. Sie war die Ehefrau des Soldaten Urias. David sah die volle Schönheit ihres Leibes und verfiel ihr. Obwohl er über einen großen Harem verfügte, ersann er dennoch eine List, Urias hinterrücks ermorden zu lassen, und vereinigte sich mit Bathseba.

Christlich moralisierend wurde auch die antike Literatur aufgegriffen. In einer Illustration zu Ovids *Metamorphosen* zeigt der Augsburger Kupferstecher Hieronymus Sperling (1695–1777) einen Irrgarten der Liebe. Im linken Eingang verschwindet eiligen Schrittes ein geflügelter Liebesbote. Er ist blind vor Liebe, wie die zweite Abbildung zeigt. In der Mitte umherrasend, trägt er eine Augenbinde. Durch die Erfahrung im Irrgarten ist er sehend geworden. Aber das nützt ihm nichts. Denn auf der rechten Seite, am Ausgang, verfängt er sich in einem Dornengestrüpp. Die moralische Inschrift über dem Irrgarten spricht die Warnung aus:

„Der Liebende wird vom Irrtum umfangen"
(„TENET ERROR AMANTEM").

Irrgärten niederster Leidenschaft sind die Burgen des Marquis de Sade (1740–1814), in denen Frauen zu perversen Objekten männlicher Lust erniedrigt werden. Die *120 Tage von Sodom* sind ein Irrgarten tödlicher Lüste. Auch der Minotauros war das Kind einer sodomistischen Liebe. Er musste versteckt, verborgen, abgeschoben werden. Die Perversion war bei Pasiphae wie später bei Marquis de Sade kein spontaner Ausbruch von Leidenschaft, sondern Ergebnis einer Inszenierung unter großer Aufbietung einer Vernunft, die keine moralische Bindung kennt. In den Irrgärten de Sades bewegt sich nicht der erotische Kavalier des Barock, sondern der Techniker der Macht. Seine Nachkommen sind die virtuellen Irrgärten des 21. Jahrhunderts.

Wer das Stichwort „Labyrinth Party" wählt, landet rasch bei „www.peitsche.de" oder „www.netzstrumpf.de". Hier ist das sadomasochistische Reich des Marquis de Sade. Der Internetbenutzer wird zum Voyeur. Das „Fritz-Labyrinth" ist ein virtueller Irrgarten für Freaks, wie der Titel bereits andeutet: „Web.Crash.Party". Erotische Rokkoko-Kultur zum Mitspielen bietet das Internet-Spiel „Das Verbotene Beziehungs-Labyrinth" an. Zu suchen ist die schöne Gabriela Santos. Und als moderne Fortsetzung von Johann Gottfried Schnabels *Im Irr-Garten der Liebe herumtaumelnden Cavalier* lädt der Internetroman *Lieben* von Birgit Schindlbeck zum Mitspielen im Irrgarten einer Dreiecks-Beziehung ein. Der Roman *Alles über Larry* (1999) von Carol Shields zeigt einen von Ehe zu Ehe taumelnden Irrgärtner, einen „Irrgarten-Irren", der über nichts anderes mehr zu reden weiß als über: „Rasenlabyrinth, Juliuslaube, Knotenbeet, Jerusalem, Minotauros, jeu-de-lettres, Verflechtungen, Mäander, Rondell, Trapez, Trémaux-Alogorithmus, pavimentum tesselatum, Vierfuß, Wildnis, Einweglabyrinth, Verschlingung, Venusberg, Haus des Daedalos, Roja, Nadelöhr, Zickzack."

Altjessnitz und Wörlitz – Deutschlands älteste Irrgärten

Deutschlands ältester, in seiner ursprünglichen Form noch erhaltener Irrgarten befindet sich in Altjessnitz, einem kleinen Dorf mit etwa 500 Einwohnern südlich von Dessau. Er hat eine Fläche von 2600 Quadratmetern. Im August kommt hier die ganze Gemeinde zu einem großen Sommerfest zusammen. Der Irrgarten Altjessnitz liegt auf dem Gelände eines ehemaligen Rittergutes. Sein letzter Besitzer, Hans Adam Freiherr von Ende (1870–1952), wurde 1945 enteignet. Wann der erste Irrgarten entstand, ist nicht eindeutig auszumachen. Die Familienchronik nennt das Jahr 1754 und als Baumeister den Gärtner Johann Gottfried Ziese. Andere Quellen sprechen vom Jahr 1730. Die ursprüngliche Grundfläche bildete annähernd ein Quadrat mit einer Seitenlänge von zehn sächsischen Ruten, was etwa 46 Metern entspricht.

Heute bestehen die Wegbegrenzungen aus Hainbuchen (Carpinus betulus). Zwischen den Hecken musste Stacheldraht gespannt werden, um ungeduldige Besucher davon abzuhalten, Seitenwege zu treten. Eingang und Ausgang liegen an gleicher Stelle. Im Zentrum befindet sich eine Aussichtskanzel. Ceres, die römische Göttin der Feldfrüchte, begrüßt mit halb entblößter Brust die Besucher.

Östlich von Dessau befindet sich der „Englische Garten zu Wörlitz". Auf Veranlassung von Fürst Leopold III. Friedrich Franz von Anhalt-Dessau (1740–1817) wurde er zwischen 1764 und 1800 angelegt. Zu dem weitläufigen Gelände gehört auch die Insel „Neumarks Garten" im Wörlitzer See. Hier befindet sich ein Irrgarten, „eine Allegorie menschlichen Lebens – mit einiger Rücksicht auf das individuelle Leben des Fürsten selbst". Der Wechsel von Licht und Schatten, Höhe und Tiefe, Enge und Weite in der Natur wurde von den Besuchern als Gleichnis empfunden. Auch hier werden sie am Eingang von zwei Büsten begrüßt. Die eine zeigt den Theologen der Empfindsamkeit Johann Caspar Lavater (1741–1801), die andere den Dichter der Aufklärung Christian Fürchtegott Gellert (1715–1769). Eine Tafel mahnt:

„Wähle, Wanderer, deinen Weg mit Vernunft!"

Auf dem Weg begegnet dem Besucher eine zweite Tafel: „Hier wird die Wahl schwer, aber entscheidend!" Am Ziel angelangt – einer Höhle der Liebesgöttin Venus – grüßt ein drittes Schild: „Kehre bald wieder zurück!"

Irrgarten Schloss Schönbrunn – Feng Shui der Liebe

Nach der Französischen Revolution erfolgte eine Öffnung der Irrgärten in den Landschaftsparks der Adeligen für jedermann. Wo sich früher Baroness und Graf zwischen hohen Heckenwegen trafen, verabredeten sich nun der Student mit der Bürgerstochter und die Arztgattin mit dem Anwalt ihres Mannes. Die Liebesreigen im Irrgarten wurden den bürgerlichen Sittenwächtern Ende des 19. Jahrhunderts ein Dorn im Auge. Das führte zur Aufhebung des Irrgartens im Schloss Schönbrunn/Wien. Die „Oberhofmeisterakte" des Jahres 1892 notiert, der Irrgarten habe „wegen seiner Dichtigkeit Zwecken gedient, welche in öffentlichen Anlagen verboten sind". In der Villa Altieri/Rom fühlte sich Kardinal Frédéric Xavier de Merode, Kriegsminister am Päpstlichen Hof, vom nächtlichen Liebesspiel der Füchse zwischen den Irrwegen gestört und ließ deshalb die Hecken roden.

Rodungen gehören der Vergangenheit an. Auf der internationalen Gartenschau 2000 in Graz wurde ein neuer Irrgarten aus 1200 Linden, 200 Ahornbäumen und 2901 Rotbuchen gepflanzt, und in Schönbrunn erlebte der alte Irrgarten seine Wiederherstellung. Er wurde am 9.9.1999 um 9.00 Uhr eröffnet. Der erste Irrgarten mit einem schmalen und teilweise überdachten Wegenetz von vier Kilometern wurde um 1720 angelegt. Die Neupflanzung aus 1000 Eiben (Taxus baccata) nimmt Rücksicht auf die Ungeduld der modernen Irrgartenbesucher. Sie bekommen einen versiegelten Umschlag mit auf den Weg zur Mitte, dem sie im Bedarfsfall den Wegeplan entnehmen können. Allerdings werden sie ermuntert, ihn verschlossen zu halten: „Glücklich derjenige, der es geschafft hat, ohne die geheime Anleitung öffnen zu müssen." Für besonders Ungeduldige, darunter Reisegruppen und Städtetouristen, gibt es einen zweiten, direkten Zugang zur Mitte, und Schulklassen werden ermahnt:

„Bitte keinesfalls durch die Hecken brechen. Dadurch werden die Pflanzen schwer beschädigt. Außerdem besteht durch die Zweige der Eibe eine nicht unerhebliche Verletzungsgefahr."

Auf dem Weg zur Mitte liegen Symbole der zwölf Sternzeichen. Die Mitte selbst mit einer 100 Jahre alten Platane hat eine Aussichtsplattform und zwei „Harmoniesteine". Der chinesische Feng Shui- und Geobiologie-Meister Jes Lim und seine Frau Julie haben sie errichtet. Umarmt man die Steine, helfen sie, einen Partner zu finden oder eine bestehende Partnerschaft zu stärken – so das Versprechen.

Hanflabyrinth – Liebeskummer

Plötzlich war die Sehnsucht nach einem kleinen Paradies erwacht: Horst Bechtloff zögerte nicht. Der Rechtsanwalt aus Senden im Münsterland kaufte sich im Jahre 1995 einen Bauernhof in Billerbeck. Der Hof war alt und in hohem Maße sanierungsbedürftig. Hier wollte er mit seiner neuen Freundin, Katzen, Schafen und Graugänsen einziehen. Es sollte ein Ort der Liebe und der Sinnlichkeit werden, sein Garten Eden. Hier wollte er im Einklang mit der Natur leben. Doch es kam anders. Kaum waren die Kredite bewilligt und das Anwesen gekauft, ging die Beziehung in die Brüche. So hatte sich Horst Bechtloff den Anfang seines neuen Lebens nicht vorgestellt. Er zog allein auf den Hof und begann ihn zu bewirtschaften. Eines Nachts hatte er einen Traum von langen Wegen, Irrwegen und Sackgassen. Als er erwachte, wusste er, wie er im kommenden Jahr die sechs Hektar großen Felder seines Anwesens nutzen würde.

Bechtloff ließ Sonnenblumen aussäen und legte mit Studenten in den Feldern zwei Labyrinthe und einen Irrgarten an. Seitdem sind die Billerbecker Labyrinthe ein beliebtes Ausflugsziel im Münsterland. Als ich sie im August 2000 besuche, stehe ich vor einer Neu-schöpfung, einem Labyrinth aus Hanfpflanzen. Es soll das größte Hanflabyrinth der Welt sein. Aber auf den Eintrag ins Guinness-Buch der Rekorde kommt es seinem Erbauer nicht an. Hanf ist eine vielseitige Nutzpflanze. Dass sie Erinnerungen an Rausch, Ausstieg aus dem Alltag und Entgrenzung bei den Besuchern des Labyrin-thes weckt, ist vielleicht nicht unbeabsichtigt. Die Auflagen für die Anpflanzung von Hanf sind streng. Deshalb scheuen viele Laby-rinthbauer den Kampf mit den Landwirtschaftskammern. Horst Bechtloff hat jedoch nicht kapituliert. Sein Labyrinth hat sieben Gänge. Das entspricht nicht nur der klassischen Form des kreti-schen Labyrinthes, sondern auch der Siebenzahl der Aufgliederung des zarten, moosgrünen Hanfblattes. Das Sieben-Gänge-Labyrinth hat eine Weglänge von rund zwei Kilometern. In der Mitte mit einem Durchmesser von etwa zehn Metern befindet sich eine Oase der Stille.

Garten- und Heckenlabyrinthe waren schon immer Orte beson-derer Freiheit und Freizügigkeit. Ihr Urbild ist die Wiese mit ho-hem Wildkräuter- und Wildblumenbewuchs, in dem die Lieben-den verschwanden, um an diesem stillen Ort ungestört zu sein. Seit Walther von der Vogelweide sind diese Inseln der Sinnlichkeit im Labyrinth der Wiesen und Felder immer wieder besungen worden:

„under der linden
an der heide
da unser zweier bette was,
da mugt ir vinden
schone beide
gebrochen bluomen unde gras."[27]

Horst Bechtloff hat die Mitte seines Hanflabyrinthes aus altem Ge-rümpel, das er auf dem Dachboden fand, gestaltet: ein dreiteiliger Klappspiegel, wie er früher auf den Frisierkommoden im ehelichen

Schlafzimmer stand, und eine große Waschschüssel. Zwei Bänke laden zum Verweilen ein. In der Mitte des Hanflabyrinthes haust kein Minotauros. Dafür lassen sich Hase und Igel, Katz und Maus und in den frühen Morgenstunden zuweilen ein scheues Reh zwischen den Hanfstengeln blicken.

Im Billerbecker Hanflabyrinth wohnt ein romantischer Geist. Zu den regelmäßigen Veranstaltungen auf dem Gelände gehört ein nächtlicher Gang durchs Hanflabyrinth im Mondenschein. Was mag dazu besser passen als die zauberhaften Verse Joseph von Eichendorffs (1788–1857) von der heiligen Hochzeit des Himmels und der Erde:

„Es war, als hätt der Himmel
Die Erde still geküsst,
Dass sie im Blütenschimmer
Von ihm nun träumen müsst.

Die Luft ging durch die Felder,
Die Ähren wogten sacht,
Es rauschten leis die Wälder,
So sternklar war die Nacht.

Und meine Seele spannte
Weit ihre Flügel aus.
Flog durch die stillen Lande,
als flöge sie nach Haus.“[28]

Ich sitze in Bechtloffs Cafégarten, lese die Eintragungen im Buch der Labyrinthgänger und lasse meine Gedanken schweifen. Ein kurzer Moment der Entrückung. Erinnerungen an die Kindheit im Münsterland. Siggi aus dem Nachbarhaus und der Duft junger Mädchenblüte in den Roggenfeldern des Erbdroste zu Fischering. Aus dem Hanflabyrinth dringen begeisterte Stimmen. Dann stehen zwei Frauen mit leuchtenden Augen vor mir: die leichten Sommerkleider hochgeschürzt, die Beine bis zu den Oberschenkeln voller Schlammspritzer. Ihre Kinder sind bis zu den Haarspitzen eingesaut vom Matsch. Labyrinthe unter freiem Himmel haben eine eigene Sinnlichkeit. Der verregnete Sommer hat dem Hanf gut getan. Er ist auf gut drei Meter Höhe gewachsen. Wer durch die Gänge geht, fühlt sich wie im Dschungel. Doch haben die vielen Besucher den aufgeweichten Boden in einen Schlammpfad verwandelt, in dem die Füße einige Zentimeter versinken. Man könnte sie mit Strohmatten auslegen oder mit Rindenmulch abdecken. Aber das ist nicht gewollt. Dieses Labyrinth lässt keine Zeit für achtsame Innenschau. Ein unaufmerksamer Blick und der Labyrinthgänger liegt im Matsch. Unter den Füßen gibt der Boden glucksende Geräusche von sich, und die Luftblasen entweichen mit einem lauten Windhauch aus dem Bauch der Mutter Erde. „Es war ganz toll im Labyrinth", schreibt ein Kind ins Gästebuch und freut sich über die Verdauungsgeräusche der Erde. „Die Mottke hat gefurzt." „Matsche" heißt auf Masematte, dem münsterländer Platt, „Mottke". Die beiden Labyrinthgängerinnen spritzen sich die Mottke mit einem Schlauch von den Beinen. Der Weg zur Mitte sei nicht immer eindeutig zu finden gewesen, berichten sie. Denn aus der ursprünglichen Anlage ist im Lauf des Sommers ein Irrgarten geworden. Viele Wege führen vom Hauptweg ab. Das Tagebuch, in dem die Besucher ihre Erlebnisse festhalten, nennt auch Gründe. Gelegentlich kommt es vor, dass der Labyrinthgänger in der Unübersichtlichkeit von einem Gefühl der Enge überfallen wird. Dann fühlt er sich bedroht, eingesperrt und versucht über eine Abkürzung den Weg aus dem Labyrinth zu finden. So entstehen Seitenwege. Auch die kleinen Sackgassen sind nicht von Horst Bechtloff angelegt worden. Über ihren Ursprung wird im Buch der Labyrinthgänger freizügig berichtet: „Wir kamen vom Weg ab, verloren uns im Feld. Es war berauschend!" Es waren die Liebenden, die vom Hauptweg abwichen, um unter zarten Hanfblättern den Rausch der Sinne oder die kleine Liebelei zu erfahren.

Ein Maisterwerk – Maisirrgärten

Zu allen Zeiten haben Kinder in Korn- oder Maisfeldern Verstecken gespielt und dabei zahlreiche Gänge getreten. Das war den Farmern ein Ärgernis, bis Anfang der Neunzigerjahre der kindliche Spieltrieb den ehemaligen Broadway-Manager Don Frantz auf eine Idee brachte. Er gründete die Gesellschaft „Amazing Maize Maze", die Landwirte dazu anregte, nicht zu warten, bis Kinder den Mais niedertrampeln, sondern mit Mähdreschern selbst einen Irrgarten im Maisfeld anzulegen. Don Frantz nahm eine Idee des Künstlers Dennis Oppenheim (*1939) auf, der bereits 1970 in Whitewater/Wisconsin einen Irrgarten aus über 1200 Strohballen angelegt hatte. Auch durch Richard Fleischner (*1944), der auf dem Gelände der University of Massachusetts, Amherst, im Jahre 1978 einen Irrgarten aus Maschendrahtzaun, das „Chain Link Maze", installierte, erhielt er einen weiteren Anstoß, „Amazing Maize Maze" zu gründen.

Maisirrgärten sind innerhalb kurzer Zeit auf vielen deutschen Feldern angelegt worden. Ein Grund ist sicherlich, dass sich durch sie ein gutes Zubrot verdienen lässt. So zieht der Kreisbauernverband Groß-Gerau/Hessen auf seiner Homepage im Internet „Eine tolle Bilanz" (7. Oktober 1999). Um möglichst viele Kunden auf den Kreisbauernmarkt zu locken, hatten die Direktvermarkter ein Maislabyrinth zwischen Groß-Gerau und Büttelborn errichtet. Die Besucherzahl „übertraf alle Erwartungen", so dass das „Maisterwerk" ein voller wirtschaftlicher Erfolg wurde. Bauer Leonhard Schneider aus Beilngries im Altmühltal, der im Frühjahr 1998 seinen ersten Maisirrgarten auf 20 000 Quadratmetern Fläche anlegte, rühmt die ökologische Komponente: „Eine vollständig biologisch abbaubare Freizeitanlage".

Nach amerikanischem Vorbild schneiden deutsche Landwirte zwischen Nord-Ostsee-Kanal und Landshut Irrgärten in ihre Futtermaisfelder und lassen gegen Eintrittsgebühr ganze Schulklassen und Familien hindurchlaufen, während Väter und Lehrerinnen im nahe gelegenen Biergarten ein Weizenbier trinken. Der erste deutsche Maisirrgarten wurde 1997 im bayerischen Rammelkam bei Landshut angelegt. Er war einen Hektar, also 10 000 Quadratmeter, groß. Pionier der niederbayerischen Maisirrgärten ist Hans Attendorfer aus Landshut. Er hatte in einer amerikanischen Landwirtschaftszeitung gelesen, was man mit der Pflanze noch alles anfangen kann, bevor sie zu Popcorn oder Viehfutter verarbeitet wird. Andere Irrgärten folgten in der Westergellenser Heide, in Besdorf/Kreis Steinburg, auf dem Trappistenhof/Bad Driburg und in Marktrodach/Landkreis Kronach an der B 173. Hier errichtete im Jahre 1998 der Erdbeerplantagenbesitzer Bayer das „Maiskultur Labyrinth" mit einer Größe von 15 000 Quadratmetern.

Ein Maisfeld eignet sich in besonderer Weise zur Anlage eines Irrgartens, weil die Frucht so hoch wächst, dass auch Erwachsene in das Gewirr der Gänge vollständig eintauchen und das Erlebnis der Orientierungslosigkeit haben können, auf das es bei diesem Spiel ankommt. Neben dem Spaß unter freiem Himmel gibt es in einigen Maisirrgärten auch etwas zu gewinnen. Bauer Matthias Wöhl, der am 28. Juli 2000 das „1. Hamwarder Mais-Labyrinth" an der Straße von Geesthacht nach Wiershop mit einer Gartenfräse auf seinem 7,5 Hektar großen Acker gestaltete, entwickelte auch ein Ratespiel für die Besucher. Unter den Einsendern von richtigen Antworten wurden Preise verlost: Ein Essen für vier Personen in der Gaststätte Gevert, eine Weihnachtsgans und hausgemachte Wurstpakete. Angeregt durch die historischen Irrgärten in Altjessnitz und Wörlitz wurden im Sommer 2000 Maisirrgärten in Bad Lauchstädt und Mosigkau errichtet.

EXPO 2000 – Im Zeichen der Schildkröte

Maisirrgärten sind jedoch mehr als Werbeträger für eine Landwirtschaftsshow. Die jungen Irrgartenbauer Karsten Eggert und Erik Voss aus Hamburg gründeten die „Omek Eventagentur". Sie erstellt Maisirrgärten als sinnliche Erfahrungsräume mit Soundgarten, Kunstinstallationen und einem umfangreichen musikalischen und künstlerischen Rahmenprogramm. Im Vordergrund steht der „Spaßfaktor": Klamauk, Feuerspektakel, Jongliershow und Trommelfest, Fackelzug-Party und Kinonacht, Kammerkonzert der Musikhochschule Hamburg, Lesungen von Labyrinthtexten wie das Märchen „Hänsel und Gretel" oder „Jurassic Park". Das Spektakel im Maisirrgarten endet im September mit einer Abrissparty.

Karsten Eggert und Erik Voss haben auch den Maisirrgarten auf der AGRI 21, einer landwirtschaftlichen Begleitausstellung zur Expo 2000 entwickelt. Wer die Mitte erreicht hat, findet hier einen Hubwagen. Auf ihm wird man in fünfzehn Meter Höhe gefahren. Dort oben liegt der Irrgarten zu Füßen, die Unübersichtlichkeit ist aufgehoben. Der Irrgarten wurde am 6. August 2000 mit einem Konzert der Brandenburger Symphoniker eröffnet. Das Rahmenprogramm des Expo 2000-Irrgartens bot „Mystische Nächte" mit „Maisgeistern", Fackeln, Grabsteinen und Teufeln, russische Folklore auf traditionellen Instrumenten mit Andre Petrov und Alexander Botasov, A-cappella-Gesang der Gruppe „Das Waxfiguren Cabinett", Rock'n Roll – Frühschoppen auf der Ranch im Maisirrgarten und Auftritte der Gauklertruppe „Planlos".

Die Gemeinde Eberdingen/Nussdorf hatte die Idee eines Rahmenprogrammes aufgegriffen und veranstaltete in ihrem „Maislab 2000" Gespenster- und Lichternächte zwischen den Stauden. Kürbisgeister und Irrlichter erfreuen die Besucher, Kinder können hier ihren Geburtstag feiern. „Das verflixte Maislabyrinth" der Klosterhofbauern Iris und Lukas Frey aus Muri/Kanton Aargau war auf dem Gelände eines ehemaligen Benediktinerklosters errichtet worden. Mit Hilfe eines Computers, der Satellitennavigationsmethode und der Fachhochschule Aargau wurde das Wegenetz konstruiert. Die Landschaftsarchitektin Gisela Fleig-Harbauer aus dem badischen Emmindingen hat für das französische Marketing- und Organisationsteam „Labyrinthus" Maisirrgärten in Italien und Frankreich entworfen. Das Thema des Jahres 1999 war „Ägypten". Anlässlich der Wiederkehr des 100. Geburtstages von Antoine de Saint-Exupéry lautete das Thema des Jahres 2000 „Der kleine Prinz". Anhand verschiedener kreisförmiger Irrgärten wurden die Planeten dargestellt, die der kleine Prinz auf seiner Reise durch das Weltall besucht. Im Irrgarten gab es kleine Oasen der Ruhe mit Musik, und zwischen den Maisstauden lugten Fuchs, Rose, Laternenanzünder, Trinker und Geschäftsmann – alle Figuren des Buches – hervor. Wie auf dem Maisirrgarten der Expo 2000 bot eine Aussichtsplattform den Blick fast wie aus der Vogelperspektive.

Noch höher als Vögel fliegen die Flugzeuge. Erst eine Luftaufnahme schafft die Übersichtlichkeit, die dem Besucher des Irrgartens nicht vergönnt ist. Mit einem Luftbild des französischen „Labyrinthus Touraine" machte die BHF-Bank aus Frankfurt/ Main Werbung für ihre Dienstleistungen im Irrgarten der Finanzwelt. Die mehrfach während des Frühjahrs 2000 in der *Frankfurter Allgemeinen Zeitung* veröffentlichte ganzseitige Anzeige zeigt das Zentrum des Irrgartens. In weißen Druckbuchstaben erscheint am linken Rand das Wort „Orientierung". Aus der Chefetage der Wolkenkratzer von „Mainhattan" hat man den notwendigen Überblick. „Professionalität ist wissen, wo es lang geht", heißt es weiter in der Anzeige. Als ich mit der Presseabteilung der BHF-Bank telefoniere und frage, warum man sich für das Bild des Irrgartens entschieden habe, lautet die Antwort treffend: „Werbung muss den Kunden unmittelbar ansprechen. Der Irrgarten ist ein Motiv, das nicht erklärungsbedürftig ist."

„Amaized and cornfused": Adrian Fisher

Im Irrgarten der AGRI 21 auf der EXPO 2000 befindet sich ein großer Tresen. Hier treffe ich bei strahlendem Sonnenschein Erik Voss, den führenden deutschen Labyrinthbauer. Als ich ihn nach seinen Vorbildern frage, fällt nur ein Name: Adrian Fisher. Der ehemalige Unternehmensberater gilt als der einflussreichste Irrgarten-Designer der Moderne. 1977 legte er im elterlichen Garten in Dorset ein typisches englisches Rasenlabyrinth an. 1979 folgte die Gründung seiner Firma „Minotauros Designs" in Harpenden, nördlich von London. Den Durchbruch brachte jedoch erst ein Leserbrief, den Adrian Fisher im Jahre 1980 an die *Times* richtete. Es war das Jahr der Einführung von Robert Runcie, des Geistlichen, der Prinz Charles und Lady Diana trauen sollte, in das Amt des Erzbischofs von Canterbury.

Erzbischof Runcie hatte in seiner Einführungspredigt am 25. März 1980 den Lebensweg des Menschen mit einem Gang durch das Labyrinth verglichen. Wieder soll es ein Traum gewesen sein, der den Weg zum Symbol des Labyrinthes gewiesen hat. Der Erzbischof sagte: „Ich träumte von einem Labyrinth. Da gab es Leute nahe der Mitte, aber sie fanden nicht hinein. Am Rand des Labyrinthes standen andere. Sie waren weiter weg vom Herz des Labyrinthes, aber sie gelangten leichter und schneller zur Mitte als die Gruppe derer, die sich drinnen herumärgerten."

Adrian Fisher las die Predigt, nutzte die Gelegenheit, auf sich aufmerksam zu machen, und verwies in seinem Leserbrief auf die alte Tradition der Kirchenlabyrinthe. Dies brachte ihm seinen ersten größeren Auftrag ein, ein Fußbodenlabyrinth mit zahlreichen eingearbeiteten christlichen Symbolen in Grey's Court bei Henleyon-Thames. Denn Lady Brunner, die Besitzerin des Anwesens westlich von London, hatte zu den Teilnehmern des Gottesdienstes gehört und sich unmittelbar von den Worten des Erzbischofs angesprochen gefühlt. Das Sieben-Gänge-Labyrinth von Grey's Court hat in der Mitte ein Kreuz, in dem ost- und westkirchliche Traditionen zu einer Einheit verschmelzen. Den Labyrinthgänger begleiten Verse von Julia von Norwich, Robert Gittings und Aurelius Augustinus auf ihrem Weg zur Mitte. Erzbischof Runcie persönlich eröffnete das Labyrinth.

Auch in der englischen Sprache wird zwischen Irrgarten und Labyrinth unterschieden. Das englische Wort für Irrgarten lautet „maze". William Henry Matthews, der große englische Labyrinthforscher, nimmt die Unterscheidung im Titel seines Standardwerkes *Mazes and Labyrinths* (London 1922) auf. Der Firmenname des amerikanischen Labyrinthbauers Don Frantz' „Amazing Maize Maze" enthält ein Wortspiel: „maize" ist das englische Wort für „Mais", das Adjektiv „amazing" kann mit „erstaunlich", „verblüffend" übersetzt werden. Labyrinthliebhaber können einen verborgenen „Irrgarten" („maze") im Wort „Erstaunen" („a*maze*ment") entdecken. Für den Maisirrgarten des Landwirtes Nigel Carter auf „Millets Farm" in Abingdon/Oxfordshire hat Adrian Fisher T-Shirts mit dem Aufdruck „I was amaized and cornfused" entworfen. Beim Kunstfestival in Bath 1984 wurde das Thema „Labyrinth" gewählt. Im Beazer Garden legte Adrian Fisher ein Rasenlabyrinth an. Seinem Vorschlag folgend, erklärte das Britische Fremdenverkehrsamt das Jahr 1991 zum „Jahr des Labyrinthes". Fisher entwirft Heckenmäander, Irrwege aus Ziegelsteinen oder Rasen, Wasser-, Spiegel-, Hüpf- und Farblabyrinthe. Labyrinthe und Irrgärten sollten seiner Meinung nach drei Grundsätzen folgen:

1. Sie müssen innerhalb einer halben Stunde zu durchschreiten sein, sonst verlieren die Menschen die Freude, werden unruhig, reagieren mit Panik oder zertrampeln das Feld.
2. Sie müssen durch ihre Gestalt den Besucher anlocken, doch auffällig sein, ohne das Landschaftsbild zu zerstören.
3. Öffentliche Anlagen müssen sich spätestens nach zwei Jahren amortisiert haben.

Damit die Besucher den Spaß am Herumirren nicht verlieren,

stattet sie Fisher mit Landkarten und Fähnchen an langen Stangen aus. Damit können sie ein Signal geben, wenn sie aus den Irrwegen vorzeitig befreit werden wollen. Im EXPO 2000-Irrgarten, sagt Erik Voss, sei es nur einmal vorgekommen, dass eine ältere Damen in Panik geriet und befreit werden musste. Am nächsten Morgen jedoch stand sie wieder vor dem Irrgarten, „amazed" und nicht mehr konfus.

Wenn sämtliche Orientierungshilfen versagen, dann hilft noch immer das Handy, wissen die Angestellten von Lord Bath zu berichten. Auf seinem 460 Jahre alten Anwesen in Longleat House bei Warminster/Wiltshire hatte der als exzentrisch geltende Lord bereits im Jahre 1976 einen Irrgarten aus rund 17 000 Eiben mit einer Länge von über 2800 Metern anlegen lassen. Sein Architekt war Greg Bright. Der Eiben-Irrgarten von Longleat House mit seinen sechs Holzbrücken und einem Aussichtsturm wurde als erster ins *Guinness-Buch der Rekorde* eingetragen. Im Laufe der Jahre bekam er aus der Schweiz, wo Adrian Fisher neue Irrgärten entwarf, Konkurrenz.

Das Bergland Schweiz hat eine besondere Beziehung zu Irrwegen. So sind in den letzten Jahren Irrgärten und Labyrinthe an zahlreichen Orten entstanden: Ein Waldlabyrinth mit Heilpflanzen in Flims/Kanton Graubünden, ein Rasenlabyrinth in Gwatt/Kanton Bern, ein Wiesenlabyrinth in Männedorf/Kanton Zürich – immerhin so viele, dass es inzwischen eine eigene *Labyrinth-Karte der Schweiz* gibt. 1998 überbot ein Irrgarten mit 3,4 km Weglänge im Rhônetal das Werk des englischen Adeligen. Er ist aus immergrünen Thujahecken gepflanzt worden und dient auch der Werbung für die olympischen Winterspiele 2006 in Sion. Das „Labyrinthe Aventure" liegt zehn Kilometer von Martigny entfernt, eingezwängt zwischen Autobahn und Eisenbahnlinie. Auf einer Fläche von 25 000 Quadratmetern entworfen, hat es die Form des Kantons Wallis. Mit der Eintrittskarte erhält der Besucher einen Fragezettel in vier Sprachen. An einzelnen Wegstationen sind die

Namen von Walliser Austragungsorten der Winterspiele „Sion 2006" zu erraten. Die Wegführung geht über Kletterwände, Brücken, Balancierbalken, durch Tunnel und Wasserbecken. Für Rollstuhlfahrer, Eltern mit Kinderwagen und ältere Menschen existieren Abkürzungen. Wer den Fragezettel richtig ausgefüllt hat, erhält am Schluss eine Codenummer. Mit ihr kann eine Schatzkiste geöffnet werden. Die Belohnung: Schweizer Schokolade oder ein Walliser Apfel.

Die Idee, einen Irrgarten nicht nach dem Muster bekannter geometrischer Figuren wie Kreis, Quadrat oder Oval zu errichten, hatte im 16. Jahrhundert zuerst ein Architekt aus Padua. Francesco Segala entwarf Labyrinth-Figuren in der Gestalt eines Schiffes, Wales, Reiters, Hundes, Krebses, einer Schnecke und eines Menschen. Seine Holzschnitte regten André Heller dazu an, bei den „Kristallwelten" in Wattens/Österreich einen Heckenirrgarten in der Form einer Hand zu gestalten.

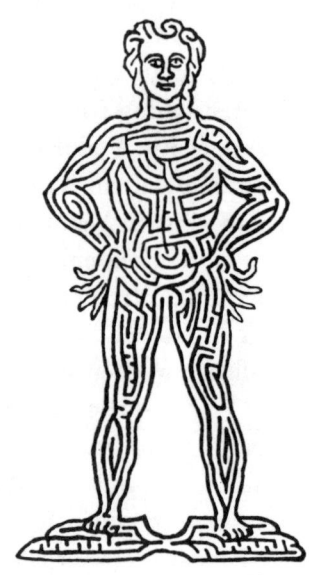

Abb. 19: Francesco Segala: Der Mensch als Labyrinth, nach Kern, S. 350, Abb. 441

Die Irrgärten des Barock haben vielfältige Anregungen für die modernen Anlagen gegeben. Wir haben es gesehen. Und vielleicht sind wir der Vergnügungen überdrüssig geworden. Der Reiz geht durch die Überfülle der Angebote verloren. Warum noch einen Irrgarten betreten, wenn er bald an jeder Bundesstraße zu sehen ist und wenn es nur noch um immer neue Rekorde geht? Jene Oberflächlichkeit und Verflachung des Symbols droht, die auch Menschen des 17. Jahrhunderts angesichts der höfischen Irrgärten empfunden haben. Deshalb müssen wir noch einmal in jene Zeit zurückkehren. Denn aus ihrer Tiefe erklingt auch eine andere Lebensmelodie. Sie ist nicht das Lachen der Adligen, der Ruf ihrer Vergnügen und Liebeleien, sondern die Stimme der Mehrheit, jener hunderttausend Namenlosen, denen der Zugang zum höfischen Irrgarten und seinen Lustbarkeiten verwehrt war. Ihnen erschien zuweilen die ganze Welt als Irrgarten, aus dem sie verzweifelt den Ausweg suchten.

DAS LABYRINTH DER WELT:
EIN WEG DES VERTRAUENS

> „Vielleicht bin ich ja ein Engel
> des Herrn, der die Nächstenliebe
> der Menschen auf die Probe stellt."
>
> (Michael Holzach,
> *Deutschland umsonst*)

Für viele Menschen des 16. und 17. Jahrhunderts ist die Welt ein Ort der Sünde, der Vergänglichkeit und des Todes. In den Glaubenskämpfen der Reformation und des Dreißigjährigen Krieges erleben sie jeden Tag neue Bedrohungen an Leib und Seele. Gewalt, Willkür, Folter, Vergewaltigung, Vertreibung: Nichts ist sicher, denken sie, nichts hat auf Erden Bestand. Das ist die Summe ihrer täglichen Erfahrung. Auch sie versuchen in den Symbolen von Labyrinth und Irrgarten ihrem Lebensgefühl Ausdruck zu geben. Bei der Geburt, so glauben sie, wird der Mensch in die Mitte des Labyrinths gesetzt. Damit verändert sich ihre Blickrichtung, denn die Mitte ist jetzt nicht mehr das Ziel, sondern der Ausgangspunkt der Reise. Die Lebensaufgabe besteht darin, den Ausgang zu finden und sich dabei durch nichts irritieren oder ablenken zu lassen. Denn auf die Ordnung der Welt ist kein Verlass. Alles ist vergänglich. So wird das Unterwegssein zur Lebensaufgabe.

Was ist das Ziel der Reise durch das Labyrinth? Was kommt hinter dem Ausgang? Der Reisende hat ein religiöses Ziel. Er ist ein

Wanderer zwischen den Welten, ein Pilger und Gast auf der Erde. Er sucht das Bleibende, eine verlässliche Ordnung, die Ewigkeit, Gott. Das mittellateinische Wort für den Pilger lautet „viator". Der Pilger wird auch „homo viator" genannt, der „pilgernde Mensch". Auch sein Ziel ist die Mitte. Diese Mitte des Lebens nennt er Gott.

Wenn der Christ des 17. Jahrhunderts beim Gebet des Vaterunsers die siebte Bitte – „Erlöse uns von dem Bösen" – sprach, dann bat er um Befreiung aus dem Labyrinth der Welt. So lehren auch die Geistlichen, so können wir in einem Katechismus aus dem Jahre 1683 nachlesen:

„Der Labyrinth war ein betrieglicher Irrgarte. Also ist die Welt voll List und Irrthums. In der Welt scheinet alles ohne Ordnung untereinander zu gehen. Mitten im Labyrinth war das grausame Ungeheuer, das Kind der Sünden, der Minotaurus. Mitten in der Welt ist der abgesagte Feind GOttes und der Menschen. Der Labyrinth ist vergangen, nach deme Theseus obgedachtes Ungeheuer ritterlich gefället und die schöne Ariadne gehelichet. Also muß die Welt mit ihrer Lust und unserer Unlust vergehen. Darum bitten wir, daß solches bald geschehe, daß unser GOtt kräftiglich erlöse von dem Bösen und allem Übel, sanfft und frölich in das himmlische Hochzeitshaus führe und daselbst bekröne mit der unverwelcklichen Sternenkrone."[29]

Aus christlicher Blickrichtung wird das kretische Labyrinth umgeformt und neu gedeutet. Das Zwitterwesen mit dem Stierkopf ist der Teufel, Theseus ist Christus. Er tötet den Teufel, das Kind der Sünde und den Herrn der sündigen Welt. Von einer Ehe zwischen Theseus und Ariadne weiß der griechische Mythos nichts. Sie ist hier ein Bild für die Hochzeit der Seele (Ariadne) mit Christus-Theseus. Mit dieser Vermählung wird der Ausweg aus dem Labyrinth der Welt gewiesen.

Inmitten des Dreißigjährigen Krieges veröffentlicht auch der tschechische Pädagoge und Vater der modernen Didaktik Johann

Amos Comenius (1592–1670) sein Werk *Labyrinth der Welt und das Paradies des Herzens* (1631). Das Paradies des Herzens ist der Zufluchtsort der Seele. Hinwendung zu Gott, Einfachheit und Bedürfnislosigkeit empfiehlt Comenius als Ariadnefaden durch das Labyrinth der Welt.

In seinem Buch *Die christliche Seele im Labyrinth der Welt* (1624) veröffentlichte der Jesuit Hermann Hugo (1558–1629) einen Kupferstich. Bild und Buch wurden ein Bestseller und sind bis in die Gegenwart immer wieder nachgedruckt worden. Auf ihm ist die Seele (Anima) inmitten des Labyrinthes der Welt dargestellt. Das Labyrinth ist ein nach oben hin offenes Gebäude. Im Unterschied zu allen anderen Labyrinthen gehen die Menschen nicht im Labyrinth, sondern auf seinen Mauern. Außer der Seele sieht man noch einen blinden Mann mit Gehstock. Er wird von einem Hund geführt. Der Hund ist ein Symbol des Vertrauens. Zwei Pilger stürzen ins Labyrinth hinunter, verlieren sich also in der Welt.

Thema des Kupferstiches ist die rechte Lebensführung der christlichen Seele. Der lateinische Spruch unter dem Bild spricht den Wunsch nach einer gottgefälligen Ausrichtung des Lebens aus: „O dass meine Wege gerichtet würden, zu halten dein Rechte!" (Psalm 118,5) Der Blick geht jedoch über das Irdische hinaus. Hier liegt das Ziel der Pilgerfahrt durch das Labyrinth der Welt. Die Seele vertraut darauf, dass sie nicht allein ihren Weg beschreiten muss.

Im Hintergrund sind die Außenmauern des Labyrinthes zu sehen. Davor sind Thuja oder Eiben gepflanzt. Das Eingangstor steht weit offen. Ein Weg schlängelt sich auf einen Hügel und mündet hier in einen Turm, die Himmelsburg auf dem Paradiesberg. Auf ihr steht der Engel Raphael mit ausgebreiteten Flügeln. Durch ein Seil ist der Schutzengel mit der Seele verbunden. Der Engel und der Hund sind beide dem biblischen Buch Tobit entlehnt, wie wir noch sehen werden.

Vtinam dirigantur viæ meæ ad custodiendas iustificationes tuas! Psal. 118.

17.

Abb. 20: Hermann Hugo, *Die christliche Seele im Labyrinth der Welt*, nach Kern, S. 300, Abb. 378: Herzog August Bibliothek, Wolfenbüttel, Li 4063, S. 148.

Die Seele trägt Pilgerkleidung: Pilgerstab und Hut. Mit der Rechten klammert sie sich an das Seil und lässt sich durch ihren Schutzengel zur Himmelsburg leiten. Wie gefährlich der Weg zum Himmel bis zum Schluss bleibt, zeigen die beiden Menschen am Fuß des Paradiesberges. Kurz vor dem Ziel sind sie gestürzt, weil sie sich der Führung ihres Schutzengels nicht anvertrauten. Am rechten Horizont des Bildes sind zwei Schiffe auf offenem Meer zu sehen. Das Feuersignal auf der Gottesburg schenkt den Seefahrern Orientierung. In einem langen „Gelöbnis der frommen Seele" wird am Ende zusammengefasst, worauf es dem Künstler ankam: Wer durch die Welt pilgert, der darf Vertrauen haben.

„Dieß Leben ist ein Irregarten.
Auff daß der Wandel sicher sey,
Must Du, ohn Falsch, auf Gott im blinden
Glauben warten,
In reiner Liebe, ohne Heucheley."

Nicht nur die Menschen im 17. Jahrhundert haben die Welt als Labyrinth oder Irrgarten erfahren. So hieß eine der Ausstellungshallen auf der EXPO 1967 in Kanada „Labyrinthe". Das fünfgeschossige Gebäude war als Irrgarten angelegt. Es zeigte die Geschichte des Menschen. Direktor Roman Kroitor kommentierte damals die Symbolik:

„Das architektonische Bauwerk ist die Welt, und der Weg, dem das Publikum folgt, wenn es durch das Labyrinth wandert, entspricht dem Pfad des menschlichen Lebens."[30]

Die Welt als Labyrinth hat viele Gesichter. Reisende, Touristen, Wanderer und moderne Pilger erleben sie völlig anders als diejenigen, die sich durch politische Verfolgung, aus wirtschaftlicher Not oder Sehnsucht nach der alten Heimat auf die Reise begeben müssen. Ihnen zu helfen und eine Orientierungshilfe in dem neuen Lebensabschnitt zu geben, versucht der Verein Labyrinth e.V. aus dem westfälischen Warendorf. Der „Verein zur Integration zugewanderter Menschen" wurde am 24. Januar 1996 gegründet. Zu seiner Aufgabe gehört die Betreuung von Aussiedlern aus der ehemaligen Sowjetunion. Tadschiken, Usbeken, Kasachen deutschstämmiger Herkunft werden Hilfen zur Integration in die alte deutsche Heimat gegeben. Der Verein versteht sich als Zufluchtsort:

„Zuwanderer brauchen jedoch zunächst auch einen Schutzraum, in dem sie sich ihrer eigenen Erfahrungen vergewissern und sich darüber austauschen können. Labyrinth möchte diesen Schutzraum anbieten."

Auch die „Deutsche Gesellschaft für das hochbegabte Kind e.V." benutzt das Labyrinth als Symbol für ihre Arbeit. Das Labyrinth e.V. hat ein Vorbild in dem „Raphels-Werk. Dienst am Menschen unterwegs e.V." mit Sitz in Hamburg. Es wurde von dem Kaufmann Peter Paul Cahensly (1838–1923) im Jahre 1871 unter dem Namen „Sankt-Raphaels-Verein" gegründet. Sein Ziel ist die Betreuung von deutschen Auswanderern und ausländischen Flüchtlingen, die in ein Drittland weiterwandern oder in ihre Heimat zurückkehren wollen. Der Name „Raphael" ist wieder dem Buch Tobit entnommen. Dieser zwischen 200 und 170 v. Chr. entstandene jüdische Roman erzählt die Geschichte von zwei Flüchtlingsfamilien. Sie wurden aus ihrer Heimat vertrieben und müssen in der Fremde leben. Aber sie sind nicht allein. Der Engel Raphael begleitet sie auf ihrer Lebensreise. Er gilt als Schutzpatron der Flüchtlinge, Reisenden und Pilger. Er ist der himmlische Bruder der Königstochter Ariadne.

Verschleppung, Vertreibung, Zwangsumsiedlung: Dieses Schicksal hat sich bis auf den heutigen Tag millionenfach wiederholt. Vielen Flüchtlingen wurde das Buch Tobit eine Überlebenshilfe auf der Reise durch das Labyrinth der Welt. Es zeigt eine Schule des Vertrauens in sieben Stufen.

Erste Stufe: Den Durchblick verlieren

In der babylonischen Stadt Ninive, auf dem Gebiet des heutigen Irak, führen Tobias und Hannah ein typisches Flüchtlingsleben. Sie gehören zu einer politisch und religiös verfolgten Minderheit. Die Welt, in der sie leben müssen, ist für sie ein Labyrinth. Es gibt keine äußere Sicherheit. So suchen sie inneren Halt durch Bewahrung ihrer Tradition. Wo kommst du her? Wo gehst du hin? Die Antwort auf diese beiden Grundfragen wird für Tobias und Hannah überlebenswichtig. Herkunft und Zukunft zu haben, schenkt ihnen Hoffnung und hilft ihnen, die Gegenwart zu ertragen. Die Welt, in der sie jetzt leben müssen, ist nicht ihre Welt.

Da wird Tobias von einem weiteren Unglück getroffen. Als er am Haus unter einem Schwalbennest steht und nach oben blickt, lässt eine Schwalbe ihren warmen Kot auf Tobias' Augen fallen. Er erblindet. Nicht nur, dass ihm dieses Leid widerfährt. Die Erblindung verdunkelt auch die inneren Augen. Das körperliche Leiden führt zu einer Vertrauenskrise. Tobias bittet seinen Gott, ihn aus dem Labyrinth der Welt zu erlösen (Tobit 2.6):

„Und nun, Herr, erweise mir Gnade
und nimm meinen Geist weg in Frieden;
denn ich will viel lieber tot sein als leben."

An einem anderen Ort, doch zur gleichen Zeit, betet Sara, die Tochter Raguels. Auch ihre Familie ist politisch und religiös verfolgt. Nach altem Brauch hatte ihr Vater den Bräutigam für seine Tochter bestimmt. Er starb in der Hochzeitsnacht, noch bevor es zum Vollzug der Ehe gekommen war. Auch die anderen Männer, die Raguel ausgewählt hatte, kamen auf merkwürdige Weise ums Leben. Es hieß, der Dämon Aschmodai habe sie getötet und Sara stehe mit ihm im Bunde. Eine Hexe also. „Männermörderin!", ruft man Sara auf der Straße nach. Sieben Männer sollen es gewesen sein. Gewiss eine symbolische Zahl. Vielleicht ein Bild für die Schatten auf den sieben Stufen dieses Weges.

Zweite Stufe: Geduld

Auch Sara hat den Durchblick verloren, nicht aber die Geduld und das Vertrauen, dass sie aus dem Labyrinth dieser Welt geführt werden wird. Sie glaubt an eine höhere Ordnung, an ein Schicksal, das es letztlich mit ihr gut meint, auch wenn die Wirklichkeit jetzt anders aussieht. Eine Antwort auf ihr Leiden hat sie nicht. Sie kann nur Vermutungen anstellen. Vielleicht mussten die sieben Männer für sie „gestorben sein", weil sie einem anderen Mann bestimmt ist. Vielleicht liegt der Sinn des dunklen Geheimnisses der Brautnacht darin, zu zeigen, dass es nicht Sache der Väter ist, Schicksal zu spielen. Sara ist gewiss, dass sich ihr Schicksal zum Guten wenden wird.

Sara sieht ihr Vertrauen auf die Probe gestellt, und ihre Geduld wächst in dieser Situation. Der alte Tobias aber hat mit dem Leben abgeschlossen und erwartet den Tod. Zuvor klärt er seinen Sohn über die Besitzverhältnisse der Familie auf. Er zeigt ihm einen Schuldschein. Den soll er in der fernen Stadt Rages bei einem Mann mit Namen Gabael einlösen, damit die Familie wenigstens finanziell versorgt ist. Der Sohn kennt weder die Stadt noch den Schuldner. Woran soll er ihn erkennen? Wie soll er den Weg finden? Er trägt den Namen des Vaters und nun dessen ganze Last. Er soll sich auf den Weg ins Unbekannte machen. Seine Lebensreise durch das Labyrinth der Welt beginnt.

Dritte Stufe: Der Schutzengel

Der junge Tobias geht nicht allein. Sein Hund begleitet ihn. Auch wir sind ihm schon begegnet auf dem Kupferstich *Die christliche Seele im Labyrinth der Welt* (1624) des Jesuiten Hermann Hugo. Der Hund fragt nicht, wie weit der Weg ist, wohin er führt, wo er unterwegs nächtigen wird. Er ist offen für das, was kommen wird. An der Seite seines Herrn hat er volles Vertrauen. Ein zweiter Begleiter gesellt sich zu Tobias. Plötzlich steht er vor ihm: von stattlicher Erscheinung und in Reisekleidung, jemand, zu dem man gleich Vertrauen fasst, so als kennte man ihn seit Jahren. Sein Name ist Raphael. Auch er fragt nicht, wie lang der Weg ist und wo sie übernachten werden. Er ist bereit zum Dienst wie alle Schutzengel. Tobias aber weiß nicht, dass der junge Mann ein Engel Gottes ist. Woran sollte er es auch erkennen? Jedenfalls nicht an Äußerlichkeiten.

Vierte Stufe: Sog der Tiefe

Tobias ist auf seiner Reise ins Erwachsenwerden nicht allein. Später wird seine persönliche Erfahrung verallgemeinert und auf andere Lebensläufe übertragen. Deshalb finden sich auf vielen Kupferstichen zum „Labyrinth der Welt" Sprüche aus dem Buch Tobit. Sie wollen Vertrauen wecken: Auch du bist niemals allein! Deshalb verzweifle niemals! Am Ende wird alles gut!

Am Abend erreichen Tobias, der Hund und der Engel den Tigris. Als Tobias ans Wasser tritt, um sich den Straßenstaub von den Füßen zu waschen, schießt ein großer Fisch aus der Tiefe hervor und will ihn fressen. Angst ergreift ihn. Schon nach einer Tagesreise verlässt ihn der Mut, das Vertrauen wird für einen Moment erschüttert. Doch Raphael baut ihn wieder auf. Seine Worte sind eine echte Lebenshilfe. Er rät Tobias, den Fisch bei den Kiemen zu packen und an Land zu ziehen. Tobias folgt dem Rat des Engels. Das Fleisch des

Fisches wird gebraten, ein Teil als Reiseproviant eingesalzen, Herz, Leber und Galle werden für spätere Zeiten aufbewahrt.

Am Ufer des Tigris erteilt Raphael seinem Menschenfreund eine Lektion in Medikamentenkunde. Herz oder Leber auf glühende Kohle gelegt, vertreibe böse Geister, aus der Galle lasse sich eine gute Salbe zur Behandlung von Augenkrankheiten herstellen.

„Dir läuft wohl die Galle über!", sagt man noch heute, wenn jemand aggressiv wird. Die Galle gilt als Sitz der Aggression. Dass sich aus ihr ein homöopatisches Medikament gegen die Augentrübung des Vaters gewinnen lässt, leuchtet dem jungen Tobias unmittelbar ein. Herz und Leber sind Sitz der Gefühle.

Nach dieser pharmakologischen Unterrichtung führt Raphael seinen Schützling zum Haus des Raguel, nicht ohne Tobias vorher über das Schicksal von Raguels einziger Tochter Sara informiert zu haben. Und noch eins teilt er ihm mit: Sara sei ihm zur Frau bestimmt. Tobias setzt blindes Vertrauen in die Worte seines Wegbegleiters.

Fünfte Stufe: Die Kunst des Liebens

Von freier Partnerwahl kann keine Rede sein. Ehen werden hier im Himmel geschlossen. Das war auch der Grund, erklärt Raphael, warum alle Heiratspläne des Vaters zunichte wurden. Menschlicher Wille könne das Schicksal auf Dauer nicht aufhalten. So sehen es auch Tobias und Sara. Deshalb vereinigen sie sich in den ersten drei Hochzeitsnächten zuerst auf spiritueller Ebene im gemeinsamen Gebet. Währenddessen wird die Fischleber auf glühenden Kohlen gegrillt. Das Räucherritual vertreibt den Geist Aschmodai. Die Macht der Liebe ist stärker als das Böse.

Worin besteht die Kunst des Liebens? Offen zu sein für den Wink des Schicksals. Unter den abertausend Menschen den einen zu erkennen, der von Ewigkeit her wie Eva für Adam oder Adam für Eva bestimmt ist. Ihm treu zu bleiben. Dann wandelt sich das Labyrinth der Welt, und die Spur der Ewigkeit leuchtet in ihm auf. Die Hochzeit wird ausgiebig gefeiert. Raphael erledigt den Botendienst für Tobias und löst den Schuldschein ein.

Sechste Stufe: Heilen

Ein Hund, ein Engel und ein Brautpaar machen sich jetzt auf den Weg zurück nach Ninive. Es ist eine Reise von 22 Tagen. Hunde und Engel nehmen die Welt auf eine andere Weise wahr als Menschen. Schon aus der Ferne spürt das Tier die sich nahende Heimat. Der Hund des Odysseus' erkennt seinen Herrn nach zwanzig Jahren der Trennung. Diese Reise ins Leben dauerte nicht so lange.

> „Und der Hund, den sie mitgenommen hatten,
> lief voraus, und kam als Bote,
> wedelte mit dem Schwanz, sprang hoch
> und zeigte seine Freude." (Tobit 11.9)

Der junge Tobias heilt die Augen seines Vaters mit Hilfe der Salbe aus Galle. Der Vater wird sehend. Vor ihm steht ein Sohn, der erwachsen geworden ist. Auf seiner ersten großen Reise ist er selbstständig geworden. Das schenkt auch dem Vater wieder neuen Lebensmut, seinen eigenen Weg zu gehen. Jetzt richtet sich der Blick aller auf den Begleiter. Er hat den Sohn durchs Leben geleitet, er führte ihm die richtige Partnerin zu, er regelte die Geldgeschäfte, vertrieb den bösen Geist und schenkte den Eltern das Vertrauen in die göttliche Führung wieder. Was soll sein Lohn sein?

Engel dienen nicht um Lohn. Raphael gibt sich jetzt als Engel Gottes zu erkennen. Sein Name bedeutet „Gott heilt" oder „Gott ist mein Arzt". Dann erhebt er sich in die Lüfte und entschwindet. Doch eine Frage lässt er zurück: Hätte nicht zumindest der junge Tobias das Geheimnis seines Begleiters schon früher erkennen können?

Siebte Stufe: Das Labyrinth der Welt annehmen

Ein jüdisches Sprichwort, das Martin Buber öfters von seiner Mutter hörte, lautet: „Einen Engel erkennt man erst, wenn er vorübergegangen ist." Nicht anders geht es Tobias und den Seinen. Erst im Rückblick leuchtet die Spur des Engels im Labyrinth der Welt auf. Gibt es tatsächlich diese innere Führung? Und gibt es sie für jeden Menschen? Das Buch Tobit hat über die Jahrhunderte hinweg vielen Menschen Mut gemacht, mit Vertrauen den Weg durch das Labyrinth der Welt zu wagen. Der Mensch ist ein Gast auf Erden. Das heißt, der Mensch ist nicht nur von dieser Welt. Aber im Vertrauen können wir das Labyrinth der Welt auch in dunklen Stunden annehmen, denn der Weg geht weiter und weist über die Welt hinaus. Dies kann erfahren werden in jenen Momenten, in denen wir erkennen, dass wir geführt werden, an jenen Knotenpunkten des Lebens, an denen das Webmuster unseres Lebens aufleuchtet und wir erkennen, dass wir geführt worden sind. Dann leuchtet der Sinn des Lebens hervor.

> „Ich will deinen Sohn wohlbehalten
> hin- und zurückbringen." (Tobit 5.22)

Der Engel hatte sein Versprechen gehalten. In der Watts Mortuary Chapel von Compton/Surrey sind Raphael und das Labyrinth der Welt zu einem Bild verschmolzen. Als die Künstlerin Mary Watt Anfang des 20. Jahrhunderts eine Kapelle mit einem Außenrelief schmückte, gestaltete sie Raphael als Cherubim mit sechs Flügeln. Zwischen zwei Flügeln hält er das Labyrinth der Welt. Seine Augen sind geschlossen. Ein Bild der Konzentration. Er gibt sich vollständig seiner Aufgabe hin und lässt sich von nichts ablenken.

Abb. 21: Raphael hält das Labyrinth der Welt, nach Candolini, S. 213

Das Labyrinth hat sieben Gänge und ist – wie das Labyrinth in St. Konrad / Freiburg – nach dem Muster des Fußbodenlabyrinthes von San Vitale / Ravenna gebaut, das im 16. Jahrhundert erstmals das alte Pilgersymbol der Jakobsmuschel mit dem Labyrinth verknüpft. Die Jakobsmuschel verweist auf den Weg nach Santiago de Compostella. Deshalb beginnt hier – im Gegensatz zu den Labyrinthen von Chartres und Amiens – der Weg in der Mitte. Kleine dreieckige Mosaiksteine zeigen den Weg aus dem Labyrinth.

Abb. 22: Das Labyrinth der Welt in San Vitale / Ravenna, nach Candolini, S. 86

Nach Santiago de Compostella zum Grab des Apostels Jakobus sind allein im Jahr 1999 über eine Million Menschen gepilgert. Zur Unterscheidung von seinem jüngeren Namensvetter, der gleichfalls ein Jünger Jesu war, wurde er Jakobus der Ältere genannt. Sein Grab liegt am äußersten Ende Galiziens in Nordspanien. Für den mittelalterlichen Pilger war es das Ende der Welt („finis terrae").

Nachdem Pfarrer Bauer den Jakobsweg gegangen war, vollendete er im Jahre 1999 ein Fußbodenlabyrinth im Altarraum der Kirche von Scheidegg. Auf dem Weg nach Santiago hatte er einen Stein in der Form eines Kreuzes gefunden. Das Kreuz gilt als Symbol des Ortes, an dem sich die Wege von Himmel und Erde kreuzen. Es ruht nun unter einer Glasplatte in der Mitte des Labyrinthes. In Hohenstein bei Ellwangen an einer alten Pilgerroute nach Santiago de Compostella liegt die Jakobskirche. In der Zeit seines Dienstes an dieser Kirche errichtete der Maler und Pfarrer Sieger Köder ein Labyrinth mit dem Pilgerzeichen der Muschel in der Mitte. Es ist ein Zeichen des Vertrauens, dass diese Welt auch an ihren Enden gehalten wird und dass kein Mensch den Weg durch das Labyrinth des Lebens allein geht.

AUS DER MITTE LEBEN:
DAS LABYRINTH DER KINDER

„Öffne Deine Sinne für alles,
was Dir begegnet.
Atme ein, atme aus – und finde Ruhe.
Ich wünsche Dir,
dass Du Deine Mitte findest, heil wirst."

(Inschrift des Nellinger Labyrinthes)

Manchmal scheint es, als kehre mit dem Lächeln der Kinder das verlorene Paradies zurück. Wohl deshalb gibt es auf dem Labyrinthplatz in Zürich ein bewegendes Begrüßungsritual für Neugeborene. Mütter und Väter tragen ihre Säuglinge durch den Weg eines Vier-Gänge-Labyrinthes zur Mitte. Die Wegbegrenzung des Züricher Labyrinthes ist mit Stauden und Sträuchern bepflanzt worden. Ihre Blütenpracht symbolisiert den Garten Eden, ein wieder gefundenes Paradies inmitten der Stadt.

Die Mitte des Labyrinthes ist ein Symbol für den Ursprung und das Ziel des Lebens. Noch werden die Kinder auf den Händen ihrer Eltern zu dieser Quelle der Liebe getragen. Eltern wissen: Auf jedem Lebensweg droht ein Verlust der Mitte durch Zerstreuung, Ablenkung vom Wesentlichen, durch die Flut der Bilder und Reize, durch Oberflächlichkeit, Geschäftigkeit, Entscheidungsschwäche, Überforderung. Sie wünschen, dass sich ihren kleinen Kindern das Symbol der Mitte bleibend einprägt und ihnen in Krisenzeiten

225

Orientierung schenkt. Der Weg zur Mitte lädt immer wieder neu dazu ein, das Wesentliche zu suchen, die Quelle des Lebens.

Der Labyrinthplatz von Zürich wurde von den schweizer Künstlerinnen Agnes Barmettler, Rosmarie Schmid und Ursula Knecht entwickelt und im Jahre 1991 auf einem alten Kasernengelände verwirklicht. Nach einem Umbau 1996 erhielt er seine derzeitige Gestalt. Er hat in Deutschland, der Schweiz und Österreich vielfältige Nachahmung gefunden. Über die Vision eines erfüllten Lebens auf dem Labyrinthplatz heißt es in einem Prospekt (1994) der Organisatorinnen:

„Das Labyrinth sei:
ein Ort kultureller Auseinandersetzung
und Begegnung,
ein Forum von Frauen für alle,
eine Stätte von Heilkraft und gestalteter Schönheit,
ein Umschlagplatz für achtsamen Umgang
mit allem was ist,
ein Kompost für gärende Einfälle
und künstlerische Umsetzung,
ein offener Raum unter freiem Himmel
für gemeinsame Feiern."

Das erste Gartenlabyrinth war das Paradies, der Garten Eden. Der Name „paradeisos", ein griechisches Lehnwort aus der persischen Sprache Farsi, bedeutet „umfriedeter Garten". Sein historisches Vorbild sind die orientalischen Gärten als Inseln der Fruchtbarkeit in einer Landschaft voller Steppen und Wüsten. In der Mitte des Gartens Eden befanden sich zwei Bäume: der Baum des Lebens und der Baum der Erkenntnis des Guten und des Bösen. Sie sind in zahlreichen Heckenlabyrinthen, wie etwa in Hampton Court Palace bei London, nachgebildet worden. Jedes Gartenlabyrinth hat seine „Benutzerordnung". Durch das Paradies zogen sich Wege,

Abb. 23: Begrüßungsritual für die Neugeborenen, nach Candolini, S. 199

auf denen auch Gott in der Abendkühle lustwandelte (Genesis 3, 8). Und wie jeder Garten, so bedurfte auch der Garten in Eden der regelmäßigen Pflege, damit er nicht verwilderte. Deshalb hatten Adam und Eva den Auftrag, ihn zu bebauen und zu bewahren.

Die Mitte aber war tabu. Hier lag das energetische Zentrum der gesamten Anlage. Zwischen den beiden Bäumen entsprang eine Quelle lebendigen Wassers. Sie teilte sich in vier Arme: die Flüsse Gihon, Pishon, Euphrat und Tigris. Jeder floss in eine andere Himmelsrichtung. Die vier Flüsse gaben dem Paradies eine gleichmäßige Grundstruktur und teilten es in vier Teile. Diese Vierteilung ist ein Symbol für die Erde. Vor der Außenwelt geschützt war das Paradies durch eine Befestigung, vielleicht aus Hecken, vielleicht durch Mauern. Es ist nicht überliefert. Wie bei jedem Labyrinth gab es nur einen Eingang, der zugleich der Ausgang war. Er wurde durch einen Cherub, einen sechsflügeligen Engel, bewacht.

In der Mitte des Labyrinthes ist kein Bleiben auf Dauer. Die Mitte können wir nicht „haben". Sie ist nicht unser Besitz. Ihr Wesen ist Beständigkeit in ewiger Wandlung. Leben aus der Mitte heißt sich verwandeln lassen. Zu den Vätern der modernen Labyrinthplätze gehört der Pfarrer von Wyk Rissington, einem kleinen Dorf in den abgeschiedenen Cotswold Hills von Gloustershire. Dem vierfachen Vater, so wird erzählt, sei 1950 im Traum ein Engel erschienen und habe ihm konkrete Anweisungen zur Errichtung eines Paradiesgärtleins neben der Kirche gegeben. Nach sechsjähriger Arbeit wurde das Gartenlabyrinth am 10. August 1956 eingeweiht. Der bescheidene Pfarrer wäre heute längst vergessen, wenn nicht die englische Labyrinthforscherin Janet Bord in ihrem Buch *Irrgärten und Labyrinthe* ein Foto veröffentlicht hätte. Es zeigt den Geistlichen mit seinen vier kleinen Töchtern im Labyrinth. Sein Name ist nicht überliefert – ein Schicksal, dass er mit vielen Labyrinthbauern teilt, die das alte Symbol mit neuer Bedeutung erfüllt haben.

Abb. 24: Der Paradiesgarten von Wyk Rissington, nach Bord, S. 140, Nr. 217

Jim Buchanan, ein Künstler und Landschaftsarchitekt, nahm die Anregung des Paradiesgartens auf und errichtete 1996 in Tapton Park/Chesterfield ein großes „Wildblumen-Mandala-Labyrinth", das schnell von den Kindern in Besitz genommen wurde. In Schweden baute Randoll Coate „Das Schöpfungslabyrinth" bei Schloss Falkenberg/Värmland. Es hat die ovale Grundform eines Vogeleis und zeigt in der Mitte den Lebensbaum aus dem Paradies sowie die Gesichter von Adam und Eva. Angeregt von dem Zürcher Labyrinth wurde bei den „Ostfilderner Frauentagen" auf der schwäbischen Alp in einem alten verwilderten Pfarrgarten das „Nellinger Labyrinth" errichtet. Es hat sieben Gänge. Rosen, Erdbeeren, Astern, Wildkräuter und andere Pflanzen weisen den Weg zur Mitte.

Bereits 1984 folgten Hubertus Halbfas und der Fotograf Hartmut Vogler dem Vorbild des englischen Pfarrers und bauten mit Kindern ein Gartenparadies in Labyrinthform. Ende April begann die Arbeit. Bei der landwirtschaftlichen Genossenschaft in Wülfrath wurden 15 kg ungebeizter Sommerweizen und 5 kg Gelbsenf für die Aussaat der Wegbegrenzung gekauft. Für die Labyrinthmitte einige Tüten Wild- und Wiesenblumen und blauer Rittersporn, die Königin der Stauden. Der Kreis für die Aussaat wurde mit einem Radius von 11,50 Metern gezogen, der Gehkreis war 40 Zentimeter, der Saatkreis 20 Zentimeter breit. Mit Tanz und Gesang wurde der Gehkreis zur Mitte von den Kinderfüßen festgestampft. Nach dem Ritual erfolgte die Aussaat von Radieschen, Spinat, Schnittsalat, Erbsen und Möhren. Hartmut Vogler beschreibt die Stimmung nach dem Gründungsritual:

„Zwischendurch eine Apfelpause.
Vom Böschungsrand wurde der Acker
und die darauf gelingende Arbeit betrachtet,
dem Vogelgesang konnten wir lauschen,
die frische Erde riechen –

es war das erste Einswerden
mit dem Werk;
so hatte das Paradies
auch einmal begonnen."[31]

Das Gartenlabyrinth wurde zum Ort eines ganzheitlichen Lernens mit allen Sinnen und einer Beheimatung der kindlichen Seele auf dem Boden der Mutter Erde. Die Kinder leisteten die Pflege des Labyrinthes, wie es der Rhythmus des Jahres verlangte. Sie erlebten das Keimen, Wachsen und Aufblühen der Saat, das wogende, duftende Meer der weiß-gelben Kamille, das Spiel der Hummeln und Bienen zwischen Kornblume und rotem Mohn. Sie spielten, sangen und tanzten im Labyrinth und veranstalteten am Erntetag ein großes Fest. Der Sommerweizen wurde geschnitten, gedroschen und gemahlen. Brot wurde gebacken, im angrenzenden Wald Holz gesammelt und in einer Prozession zusammen mit Trauben, Kartoffeln und Teig zur Mitte gebracht. Stockbrote wurden im Lagerfeuer gebacken, Kartoffeln gegart und Würstchen gegrillt. Eine Spirale zierte die Mitte eines frischen Brotes.

Später im Herbst kamen die Kinder ein letztes Mal in der Mitte zusammen und feierten ein Gemeinschaftsmahl mit frisch gepresstem roten Traubensaft und Brot, das aus dem Weizen des Labyrinthes gebacken worden war. Wieder beschreibt Hartmut Vogler die Stimmung im Labyrinth der Kinder:

„Diese gezeichnete Erde
hat auch den Geher mitgezeichnet.
Das irdische Labyrinth
wird große und weite Kreise
zum himmlischen Ort des Lichtes weben.

Ganz langsam schreiten
die Füße aus diesem Raum

in den Alltag des leeren Ackers zurück –
danke für diese kostbare Zeit und
danke für dieses atemvolle Zeichen.

Ein Kreis flackernder Lichter
schmückte die Mitte –
dazu Brot und Wein,
Zeichen voll erlösender Kraft.

Wenn wir es auch nicht
laut aussprechen, so umfasst
der Kreis der Kinderhände und Kinderarme
ein schmeckbares Geheimnis:
Hier ist gut sein."[32]

Die Kinder sind inzwischen Erwachsene. Vielleicht erinnern sie
sich nicht mehr bewusst an das Gartenlabyrinth, das sie einst be-
baut und bewahrt hatten. Vielleicht wissen die Kinder, die als Säuglinge von ihren Eltern in die Mitte des Zürcher Labyrinthplatzes
getragen worden sind, nichts von dem Begrüßungsritual. Auf Wissen und bewusste Erinnerung kommt es nicht an. Das Labyrinth
„spricht" eine andere Sprache. Das Ritual wirkt auf eine tiefere
Schicht unseres Wesens, die jenseits der Sprache liegt. Wer einmal
den Weg durch das Labyrinth zur Mitte gegangen ist, wird ein Leben lang von dieser Erfahrung getragen. Welche Frucht die Reise
durch das Labyrinth in den Seelen der Kinder bringen wird, weiß
niemand. Es bleibt das Geheimnis der eigenen Mitte.

ZITATNACHWEISE

1. Zitiert nach: Gernot Candolini, *Das geheimnisvolle Labyrinth.* Augsburg: Pattloch 1999, S. 192.

2. Ernst Jünger, *Siebzig verweht III.* Stuttgart: Klett-Cotta 1993, S. 501 und 503.

3. Der Prediger Salomo (Kohelet), 3. 1–8.

4. Annemarie Schimmel, *Nimm eine Rose und nenne sie Lieder. Poesie der islamischen Völker.* Köln: Diederichs 1987, S. 187.

5. Ebda., S. 283.

6. Ebda., S. 233.

7. Johann Wolfgang von Goethe, *West-östlicher Divan.* Frankfurt am Main: Insel 1974, S. 21.

8. Schimmel, a.a.O., S. 325.

9. Friedrich Dürrenmatt, *Minotaurus.* Band 26 der *Werkausgabe in 37 Bänden.* Zürich: Diogenes 1998, S. 31.

10. Ders., *Dramaturgie des Labyrinthes* in: *Der Winterkrieg in Tibet in: Labyrinth. Stoffe I–III.* Band 28 der Werkausgabe in 37 Bänden. Zürich: Diogenes 1998, S. 81.

11. Jorge Luis Borges, *Schatten und Tiger. Gedichte 1966–1972.* Frankfurt am Main: Fischer Taschenbuch Verlag 1994, S. 35.

12. John Haldane, *Daedalus oder Wissenschaft und Zukunft.* München: Drei Masken Verlag 1925, S. 78.

13. *Das Geschichtswerk des Herodotus von Halikarnassos.* Übertragen von Theodor Braun. Leipzig: Insel 1964, S. 194.

14. *Das Evangelium nach Markus* 10.21.

15. Athanasius, *Leben des Heiligen Antonius.* Bibliothek der Kirchenväter. München und Kempten: Kösel 1917. Kapitel 1, S. 24.

16. Ebda., S. 54.

17. Ebda., S. 73.

18. Nach: Jacobus de Voragine. *Legenda aurea.* Stuttgart: Reclam 1988. S. 117.

19. Ebda. S. 117.

20. *Frankfurter Allgemeine Zeitung,* 27. Juni 2000, S. 55.

21. Schimmel, a.a.O., S. 105.

22. Ebda., S. 106.

23. Ebda., S. 102.

24. Des Angelus Silesius *Cherubinischer Wandersmann.* Jena und Leipzig: Diederichs 1905. S. 39 (Nr. 289).

25. Jim Morrison, *Ein amerikanisches Gebet* (American prayer). Zitiert nach: Danny Sugerman. The Doors. The Complete Lyrics. New York. Delta Books 1992, S. 196.

26. Ebda., S. 198.

27. Walther von der Vogelweide, *Gedichte*. Frankfurt am Main: Fischer Taschenbuch Verlag 1962, S. 80.

28. Joseph von Eichendorff, *Werke in einem Band*. München. Deutscher Taschenbuch Verlag 1995, S. 271.

29. Zitiert nach: Hermann Kern, *Labyrinthe*. München: Prestel 1982, S. 296.

30. Zitiert nach: Janet Bord. *Irrgärten und Labyrinthe*. Köln: DuMont Verlag 1976, S. 162.

31. Zitiert nach: Hubertus Halbfas, *Religion in der Grundschule. Lehrerhandbuch 4*. Düsseldorf: Patmos Verlag 1986, S. 520.

32. Ebda., S. 522.

LITERATURVERZEICHNIS

Lauren Artress. Walking a sacred path. Rediscovering the labyrinth as a spiritual tool. Riverhead Books. New York 1995.

Max Aub. Das Magische Labyrinth. (6 Bände). Band I: Nichts geht mehr (1999). Band II: Theater der Hoffnung (1999). Band III: Blutiges Spiel (2000). Band IV: Die Stunde des Verrats (2001). Band V: Am Ende der Flucht (2001). Band VI: Bittere Mandeln (2002). Eichborn Verlag. Frankfurt a. M.

Wulf Becker-Glauch. Das Labyrinth als Symbol für die künstlerische Therapie. Paroli Verlag. Münster 1999.

Attila Bencsik. Zu den inneren Orten der Kraft. Energiequellen erschließen. Herder Verlag. Freiburg 2000. (= Herder Spektrum Band 5505).

Otto Betz. Labyrinth des Lebens. Mit Illustrationen von Karen Holländer. Herder Verlag. Freiburg 1999.

Die Bibel. Bibeltext in der revidierten Fassung der Luther-Übersetzung von 1984. Deutsche Bibelgesellschaft. Stuttgart 1985.

Bonaventura. De Triplici Via. Über den dreifachen Weg. Herder Verlag. Freiburg 1993. (= Fontes Christiani, Band 14)

Janet Bord. Irrgärten und Labyrinthe. Dumont Verlag. Köln 1976.

Lothar Bracht. Von der Mauer zum Weg. Das Labyrinth als Bild der Wandlung. In: Die Drei. Zeitschrift für Anthroposophie in Wissenschaft, Kunst und sozialem Leben. Heft I/2000. Seite 10–15.

Eleonore Büning. Ein schwarzer Tag. Die Eröffnung der Bayreuther Festspiele mit Christoph Eschenbachs Debüt als „Parsifal"-Dirigent. In: Frankfurter Allgemeine Zeitung vom 27. Juli 2000. S. 51.

Flavian Cajacob. „Mais"terhaft in die Irre geführt. Zunehmende Beliebtheit von Irrgärten – auch in der Schweiz. In: Neue Zürcher Zeitung vom 9. August 2000. S. 48.

Gernot Candolini. Das geheimisvolle Labyrinth. Mythos und Geschichte eines Menschheitssymbols. Pattloch Verlag. Augsburg 1999.

Deutsche Gesellschaft für das hochbegabte Kind (Hrsg.). Im Labyrinth. Hochbegabte Kinder in Schule und Gesellschaft. LIT Verlag. Münster 2001.

Friedrich Dürrenmatt. Minotaurus. In: Gesammelte Werke. Band 5. Diogenes Verlag. Zürich 1988. S. 407–447.

Friedrich Dürrenmatt. Dramaturgie des Labyrinthes. In: Stoffe I–III. Diogenes Verlag. Zürich 1981. S. 77–94.

Mircea Eliade. Die Prüfung des Labyrinthes. Gespräche mit Claude-Henri Rocquet. Insel Verlag. Frankfurt a. M. 1987.

Martin Flashar. Die Blüte der ersten Hochkultur Europas (= Besprechung der Karlsruher Ausstellung „Im Labyrinth des Minos"). In: Badische Zeitung vom 31. Januar 2001. Beilage „Das Dritte Buch". S. I.

Marija Gimbutas. Die Zivilisation der Göttin. Zweitausendundeins Verlag. Frankfurt a. M. 1996.

Sebastian Goeppert/Herma Goeppert-Frank. Pablo Picasso. Minotauromachie. Insel Verlag. Frankfurt a. M. 1993. (= it 1533)

Laurie Goodstein. Reviving Labyrinths. Paths to inner Peace. In: The New York Times vom 10. Mai 1998. Seite 1 und 16.

John Burdon Sanderson Haldane. Daedalus oder Wissenschaft und Zukunft. Drei Masken Verlag. München 1925.

Frithjof Hallman. Das Rätsel der Labyrinthe. Woher kommen sie? Wie alt sind sie? Was bedeuten sie? Wo liegen sie? Verlag Michael Damböck. Ardagger 1994.

Herbert G. Hofer. Himmelskunde in vor- und frühgeschichtlicher Zeit. Eine vergessene Geheimlehre. Schwäbische Wirtschaftsberatung GmbH. Stuttgart 1996 (2. Auflage).

Michael Hornsby. World's biggest maze is next cash crop. In: The Times vom 14. August 1997. Seite 7.

Erik Hornung. Die Nachtfahrt der Sonne. Eine altägyptische Beschreibung des Jenseits. Artemis & Winkler. München 1991.

Suzanne Kappeler. Irrgärten – magische Plätze und Orte für Spass und Spiel. Die neu entdeckte Lust am Labyrinth als künstlerische Installation. In: Neue Zürcher Zeitung vom 21./22. Oktober 2000. S. 69.

John et Odette Ketley-Laporte. Chartres le labyrinthe déchiffré. Editions Jean-Michel Garnier 1997.

Hermann Kern. Labyrinthe. Erscheinungsformen und Deutungen. 5000 Jahre Gegenwart eines Urbildes. Prestel Verlag. München 1982. Auf den Seiten 457–477 findet sich eine ausführliche Bibliografie. Kerns Buch ist der Klassiker unter den Veröffentlichungen zum Thema „Labyrinth".

John Kraft. Die Göttin im Labyrinth. Spiele und Tänze im Zeichen eines matriarchalen Symbols. Edition Amalia. Bern 1997.

Kurt Krüger. Der Irrgarten von Altjessnitz. Sonderdruck aus: Bitterfelder Heimatblätter. Heft XVII. 1994/95.

Hansjörg Küster. Le Grand Jardin de la Leine. Der Herrenhäuser Barockpark von Hannover. In: Frankfurter Allgemeine Zeitung vom 25. März 2000. Beilage „Bilder und Zeiten". S. 1.

Herta Leistner. Symbole – Das Labyrinth als spiritueller Weg. In: Ute Knie/Herta Leistner (Hrsg.). Lass hören Deine Stimme. Werkstattbuch Feministische Liturgie. Gütersloher Verlagshaus. Gütersloh 1999. S. 90–97.

Herta Leistner (Hrsg.). Lass spüren Deine Kraft. Feministische Liturgie. Grundlagen – Argumente – Anregungen. Gütersloher Verlagshaus. Gütersloh 1997.

Sig Lonegren. Labyrinths. Ancient myths and modern uses. Gothic Image Publications. Glastonbury 1996 (2. Auflage).

Daryl Maguire. The Knossos Labyrinth. (Dissertation im Fachbereich Architektur) Auckland 1996.

Henry William Matthews. Mazes and labyrinths. Their history and development. London 1922.

John Matthews. Der Gral. Die Suche nach dem Ewigen. Insel Verlag. Frankfurt a. M. 1981.

Gislind Nabakowski. Nur die Bilder der Deportierten kehren zurück. Vom Spiegel zum Labyrinth: „White Nights" von Robert Morris im Museum für zeitgenössische Kunst in Lyon. In: Frankfurter Allgemeine Zeitung vom 10. August 2000.

Gérard Raulet/Burghart Schmidt (Hrsg.). Vom Parergon zum Labyrinth. Untersuchungen zur kritischen Theorie des Ornaments. Böhlau Verlag. Wien 2000.

Donna Schaper/Carole Ann Camp. Labyrinths from the outside in. Walking to spiritual insight – a beginner's guide. Amherst 2000.

Carol Shields. Alles über Larry (Roman). Piper Verlag. München 1999.

Annemarie Schimmel. Nimm eine Rose und nenne sie Lieder. Poesie der islamischen Völker. Diederichs Verlag. Köln 1987.

Hilmar Schmundt. Im digitalen Labyrinth. In: Der Spiegel 12/2001. S. 116–120.

Michael Siebler. Wo Theseus einst den Minotaurus schlug. (= Besprechung der Karlsruher Ausstellung „Im Labyrinth des Minos"). In: Frankfurter Allgemeine Zeitung vom 2. März 2001. S. 46.

Rebecca Solnit. Wanderlust. A history of walking. Viking Penguin. New York 2000.

Danny Sugerman. The Doors. The Complete Lyrics. New York. Delta Books 1992.

Hermann Wallmann. Installateure für Irrgärten. Jacques Attali weist Wege durchs kulturgeschichtliche Labyrinth. In: Süddeutsche Zeitung vom 11. September 1999.

Uwe Wolff. Christus als Arzt. Krankheit – ein Teil der Schöpfungsordnung. In: Rheinischer Merkur vom 14. September 1985.
–: Heroismus der Schwäche. Tod, Krankheit und Künstlertum im Werk von Thomas Mann. In: Rheinischer Merkur vom 12. Juni 1987.
–: Perlen hinter dem Schleier. Die geheimnisvolle Poesie der islamischen Völker. In: Rheinischer Merkur vom 17. Juli 1987.
–: Kein Grund mehr zur Sorge. Hans Blumenbergs Geschichten sind ein Plädoyer für die Umwege der Kultur. In: Rheinischer Merkur vom 4. Dezember 1987.
–: Wanderer zwischen den Welten. Hubert Fichte: „Die Geschichte der Empfindsamkeit". In: Neue Zürcher Zeitung vom 28. Januar 1988.
–: Licht der Vernunft und Lust am Untergang. Keime einer kommenden Humanität im Werk von Thomas Mann. In: Neue Zürcher Zeitung vom 19. Februar 1988.
–: Den Augenblick der Empfindung bewahren. Neue Bände von Hubert Fichtes „Geschichte der Empfindsamkeit". In. Neue Zürcher Zeitung vom 18./19. Juni 1988.
–: Mit dem Schiffbruch leben. Zur Neuedition von Hans Henny Jahnns „Fluss ohne Ufer". In: Schweizer Monatshefte. Juli/August 1988. S. 657–664.
–: Wo sich die Pforten der Wahrnehmung öffnen. Epiphanien in der Literatur. In: Rheinischer Merkur vom 3. Januar 1992.
–: Das Wunder des Lebens. In: Rheinischer Merkur vom 17. April 1992.

–: Der Himmel auf Erden. Bernward von Hildesheim oder Das heilige Reich der Kunst. In: Stuttgarter Zeitung vom 23. Januar 1993.

–: Hinter den Türen, auf den Plätzen, in den Gärten des Mittelalters. In: Rheinischer Merkur vom 5. März 1993.

–: Der Geist zündet uns ein Licht an im Verstand. Erweckungserlebnisse und der Blick aufs Ganze. In: Hannoversche Allgemeine Zeitung vom 29. Mai 1993.

–: Bischof Bernward – Leben in der Jahrtausendwende. Ein Lese- und Arbeitsbuch. Lax Verlag. Hildesheim 1996.

–: Im Haus der Schöpfung. 1000 Jahre Michaeliskirche in Hildesheim. In: Hannoversche Allgemeine Zeitung vom 7. September 1996.

–: Wenn Gott will. Ein Grenzgang im Nordwesten Pakistans. In: MUT. Forum für Kultur, Politik und Geschichte. Nr. 356. April 1997. S. 69–77.

–: Im Labyrinth der Zukunft. In: Welt am Sonntag vom 28. Mai 2000.

Carmen Zils. Irrwege im Maisfeld. Emmendingerin entwarf Labyrinthe in Frankreich und Italien. In: Badische Zeitung vom 10. August 2000. S. 34. (über die Landschaftsarchitektin Gisela Fleig-Harbauer)

■ ■ ■

ADRESSEN

Agenturen und Labyrinthbauer

Gernot Candolini. Innstraße 35. A-6020 Innsbruck.
E-mail: candolini@eunet.at Tel: ++43(0)66 41 81 88 09

Adrian Fisher Maze Design. Victoria Lodge, 5 Victoria Grove,
Portsmouth, Hampshire PO 5 INE, England.
Telefon: +44 1705 355 500. Fax: +44 1705 350 954.
Website: www.mazemaker.com. Adrian Fisher versucht unter
www.maze-world.com/ ein weltweites Verzeichnis aller Labyrinthe.

Kienast Vogt Partner. Frau Jitka Spichiger. Thujastraße 11.
CH-8033 Zürich. Tel: 0041/1487/1087.

Omek Eventagentur. Karsten Eggert und Erik Voss. Hamburg
Telefon: 040/6913468. Mobil: 0170 5810205.
Website: www.mais-labyrinth.de.

Ausflugsziele

a) Deutschland

Alle begehbaren Labyrinthe und Irrgärten in Deutschland sind
beschrieben und mit Fotos dargestellt unter:
www.begehbare-labyrinthe.de
Irrgärten sind erfasst unter:
www.irrgarten.de/Orte/orte.html
www.agrar.org/aktuell/mais.html

b) Österreich

Österreichische Irrgärten und Labyrinthe verzeichnet:
www.labyrinthe.at/candolini/

c) Schweiz

Schweizer Irrgärten sind aufgelistet unter:
www.mais-irrgarten.ch
www.labyrinth-project.ch/index.html

d) Frankreich

Informationen zum Labyrinth von Chartres liefern:
www.stud.uni-essen.de/sg0134/2-labyrinthe.htm
www.zum.de/Faecher/kR/BW/troendle/labyr.htm

e) Großbritannien

Die typisch britischen Rasenlabyrinthe verzeichnet:
British Turf Labyrinths
www.indigogroup.co.uk/edge/mazes.htm

Erotik

Labyrinth Party. Website: www.peitsche.de oder netzstrumpf.de

Filme

Eine Übersicht gibt: www.movieline.de.

Frauen

Feministisches Frauengesundheitszentrum Nürnberg.
Der rote Faden durch das Labyrinth – Labyrinthplatz –
ein Frauenort.
Fürther Straße 154. 90429 Nürnberg. Tel: 0911/328262.
www.fen.baynet.de/fgz/flaby.htm

Frauen Studien- & Bildungszentrum der EKD.
Anna Paulsen Haus. Frau Dr. Herta Leistner. Herzbachweg 2.
63571 Gelnhausen. Telefon: 06051/89290.

Kulturverein „Das Erbe der Frauen". Dagmar von Garnier.
Schneckenhofstraße 33. 60596 Frankfurt.
www.fest-der-2000-frauen.de/index.html

Labyrinth-Platz Zürich. Postfach. 8135 Langnau A.A.
www.labyrinth-project.ch

Karten

Labyrinth-Karte der Schweiz.
Hrsg. von Susanne Kramer.
Huttenstraße 60.
CH-8006 Zürich.

Museum

Kindermuseum Labyrinth.
Berlin

Musik

Alexander Agricola (1446-1506).
Ein geheimes Labyrinth.
Sony Classical Sk 60760.

Labyrinth (eine italienische Metal-Band).
Timeless Crime (CD).

Paul Giger. Chartres.
ECM Records. 1989.

Paul Giger. Schattenwelt.
ECM Records. 1993.

Organisationen

Veriditas. The world-wide labyrinth project. Grace Cathedral.
1100 California Street. San Francisco, CA 94108.
www.gracecathedral.org/labyrinth
The Labyrinth Society
www.labyrinthsociety.org/
Mid-Atlantic Geomancy: Labyrinths Section
www.geomancy.org/labyrinth/labyrinth.html
The St. Louis labyrinth Projekt
www.labyrinthproject.com/
Georgia Labyrinths
www.avana.net/bpeach/georgialabyrinths.htm

Periodika

Golden Labyrinth. Projektagentur Seliger.
Postfach 3. 79098 Freiburg.

Labyrinth. Zeitschrift der Deutschen Gesellschaft
für das hochbegabte Kind e.V.

Jeff und Deb Saward (Hrsg.). Caerdroia.
The Journal of Mazes and Labyrinths.
53 Thundersley Grove.
Thundersley, Benfleet. Essex SS7.
3EB England.
http://ilc.tsms.soton.ac.uk/caerdroia/homepage.htm

Spiele

Irrgarten Vorlagen
www.pcp.dtpnet.de

Das Fritz Labyrinth – ein virtueller Irrgarten
www.web.crash.party

Tritonus Labyrinthspiele.
Idee und Gestaltung. Lothar Bracht.
Karlsruher Weg 49. 76185 Karlsruhe.
Telefon/ FAX: 0721/755966

Übungsbücher

Lauren Artress. The Sand Labyrinth.
Meditation at your Fingertips.
Journey Editions & Tuttle 2000.
ISBN 1-885203-99-3.

Adrian Fisher/Howard Loxton. Geheimnis des Labyrinthes.
Ein interaktiver Führer zu den faszinierendsten Labyrinthen der
Welt. AT Verlag. Aarau 1998.

Bertrun Jeitner-Hartmann/Thomas Thiemeyer. Magische Labyrinthe. Reisen durch Raum und Zeit. Ars Edition. München 2001.

Helen Raphael Sands. Labyrinth – Pathway to Meditation and
Healing. Gaia Books Limited. London 2001.

Melissa Gayle West. Exploring the Labyrinth.
A Guide for Healing and Spiritual Growth. Random House.
New York 2000.
ISBN 0-7679-0356-0.